なんとなくは、生きられない。

Real

野澤 和弘 編著
「障害者のリアルに迫る」東大ゼミ 著

ぶどう社

はじめに　「可能性」

「チャラそうなゼミ、荒らしてやろうぜ」。重度の身体障害のある現役東大生がボディーガードのような体格の同級生を引き連れて教室にやって来たことがある。「障害者のリアルに迫る」というゼミの名称に障害当事者として反感を持ったのだろう。このゼミの活動が世間に知られるようになるにつれ、「東大生なんかに何がわかる」と言わんばかりの空気を福祉関係者に感じることもたまにある。政治家や官僚にＯＢが多いせいか、東京大学というと権威の象徴のように思われるのかもしれない。

ただ、ゼミに集まる学生たちは真面目でおとなしく、むしろ劣等感や不安をひそかに抱いているタイプも多い。勉強ができることで認められてきたが、東大に入るともっと勉強ができる同級生がいる現実を知る。学歴社会の頂点まで上り詰めたものの、その先が見えない……。そんな不安を抱いているように思える。

このゼミはゲスト講師に招く障害者の選定から交渉、運営まで毎年新たな学生たちが自主的に行っている。「障害者のリアル×東大生のリアル」（二〇一六年ぶどう社）は当時の学生たちの手記を集めた単行本で、何度も版を重ねている。

今回はその第二弾である。ただ、学生の手記だけでなく、ゲスト講師の話の要約や学生たちの声をより多く掲載し、読者にゼミを疑似体験してもらえるような内容にした。ゼミの卒業生の中には大企業の内定を断って福祉の仕事に就いた人もいる。そうした卒業生との鼎談《ていだん》も第三章に掲載した。

障害者のリアルを体験した学生たちはどんどん変わっていく。ゼミを「荒らし」に来た障害のある学生は熱心にゼミに参加するようになり、テレビ局の取材に「このゼミは可能性に満ちている」と語った。

この本を読んでいただいた人に少しでも「可能性」を感じていただければ幸いである。

二〇一九年一月　障害者のリアルに迫るゼミ顧問　野澤和弘（毎日新聞論説委員）

なんとなくは、生きられない。 目次

1章 依存と自立

依存と自立

野澤 和弘

人間は無意識のうちに何かあるいは誰かに帰属し依存して生きている。そうしなければ生きられない不安定な生き物だと思う。帰属するものがあるからこそ冒険や挑戦ができる。依存できる人がいるから自立ができる。

二十歳前後は社会的にも精神的にも「自立」を迫られる年代である。高校時代までのように校則や大人の干渉から解放され、自由で万能感に満ちた生活を夢見て大学の門をくぐったのはいいが、何をしていいのかわからず自分を見失う……という学生は多い。学歴社会で勝者の指標である高い偏差値に依存していた自分に気付く時でもある。ゼミに集まる学生たちの中に感じる孤独や不安定さの根っこには、依存の喪失があるように思う。

ゼミは毎回、外部からゲスト講師を招き、講師の話を一時間ほど聞いたあとに学生と講師、あるいは学生同士でディスカッションをする。誰を講師に招くかは基本的に学生が決めるが、二〇一七年後期のゼミではあらかじめテーマをいくつか設定し、そのテーマに合った講師を招くことにした。「依存と自立」はテーマの一つだ。

薬物依存、ギャンブル依存、摂食障害の当事者であり、依存症に苦しんでいる人の支援もしているゲストに来ていただいた。

思えば、今の社会は至るところに不安が満ちている。企業の収益も株価も上昇し、雇用の状況も改善しているのに、将来の暮らしに不安を感じている人が八割にも上るという調査結果がある。高齢者は経済的に余裕のある人も貧しい人も押しなべて医療や介護などの社会保障に強い不安を感じているとの調査もある。ネットには「死にたい」という書き込みがあふれ、実際、若者の自殺率は先進諸国で最も高い。

かつて日本の自殺率の高さについて調査した世界保健機関（ＷＨＯ）は、Lack of connectedness（つながりの欠如）が重要な要因ではないかと指摘した。家族や地域社会、会社での同僚たちとのつながりといった相互依存の機能がことごとく弱くなり、小さくなって、自立や自己責任が過度に求められる時代になったことと無縁ではないだろう。

現代の個人と社会が直面している問題について考えるヒントが「依存」という病理の中に潜んでいるのではないか。ぼんやりとそんなことを考えてのテーマ設定である。

1 山口 哲哉

山口哲哉さんは、細身のスーツ姿で髪をジェルでビシッと固めて待ち合わせ場所に現れた。第一印象は、爽やかでかっこいいおじさん、という感じ。薬物依存症のことはある程度本などで勉強し知っていたが、それでもどんな人が現れるのか、歯が全部溶けて欠けてしまっているんじゃなかろうか、小指がなかったらどうしよう、などと内心戦々恐々としながら待っていたビビリの私は、拍子抜けしてしまった。

「とても薬物を経験したことがあるように見えなかった」、「見た目も普通でとても薬物依存症の患者には見えない」などと複数の受講生が感想に書いた。「薬物依存症」であることは、言われなければわからないだろうと思う。

薬物依存症

薬物依存の「薬物」というのは、タバコ以外のすべての薬物を指す（アルコールを含む）、という説明から講義が始まる。誠実に、はっきりとした口調でライフストーリーを語る彼の様子はやはり元「ジャンキー」には見えない。覚せい剤とアルコール、シンナーなど有機溶剤を使っていたという。

山口さんは現在、「東京ダルク」という薬物依存症のリハビリ施設のスタッフとして働いている。「薬物依存症」という病気からの回復と社会復帰を目指す民間の施設で、彼によればスタッフの九割以上が当事者。同じ依存を経験した仲間だからこそできるサポートをしている。

（今井）

依存の「入り口」

僕は、いわゆる中流家庭に育ちました。父は六大学出で大手企業の会社員をしていましたし、母も優秀といわれる部類に入ると思います。僕自身は帰国子女で、小学校のころは学級委員長などもやっていました。

中二・中三のころから非行に走るようになって、ヤンキーのグループに入ったりとか。なんで非行のほうにいったんだろうね？　昔から目立ちたがりで、静かな時に騒いだり、わざと遅刻して学校行ったりとか、そういうところかもしれない。十代はしばらくそこで遊んでいて。ゲートウェイ・ドラッグ（依存薬物への「入り口」となる依存物質のこと）としてのシンナーやタバコはそこで始めました。

二十代で就職して、石油などを運搬する会社の営業になりました。それまでのこともあったから、親孝行したい、とがむしゃらに働いて。でも周りの友達はヤンキーばかりだったからみんな結婚が早くて、自分だけ独り身。寂しい、と自暴自棄になって、アルコールに溺れるようになっていきました。

そうすると、しらふでいるのがつまらないし、アルコールの酔いだけでは足りないんです。二十四時間が短すぎる。もっと起きていられないか、もっともっと刺激が欲しい、と考えるようになっていきました。ちょうどそのころ、憧れの先輩に覚せい剤をやらないかと誘われました。その先輩とは、いわば共依存のような関係になっていくんですが。仕事もできるうえにカッコよく女の子を口説く人で、僕は彼のスーツの着こなしや髪型、口説き方を真似してもいました。そんな人に誘われたもんだから、誘われるがままに使ってみることにしたんです。

はじめてやった時は気持ちいいわけでもなかったし、シンナーの刺激に比べると大したことないなあと思っていました。でも、その日は夜になっても眠くならないし、いつまでたっても寝られなかったんです。なので夜中にずっと掃除などくり返しの行動をしていました。

違法薬物を使っているので、先輩との関係がどんどんディープになっていって、彼もどんどん薬を渡してくる。週末に楽しむ嗜好品、くらいの気持ちで何度も使うようになっていきました。そして、当時入れあげていた女性とうまくいかなくなったことをきっかけに、薬に対する余裕もなくなり、完全にハマってしまったのだと思います。

ここで注意しておきたいのは、こんなことを言ってはいけないのかもしれないですが、誰もが依存症になるわけではないということです。一回使ってもそれで終わり、という人もいる。でも私や先輩のように依存していく人もいる。

使っていくうちに、まだ使い始めてから一、二年の「入り口」でしかないんですけど、昼と夜、仕事とプライベート、すべてが逆転していきました。薬を使っていることを周囲の人たちに隠すためのウソをくり返して、お金もないので会社のお金を横領するようになっていって。営業の仕事でお得意様のところを回ってお金を回収していたんですけど、それを自転車操業で横領して、他のお得意様に返して、っていうのをくり返していました。結局隠しきれずにバレてしまって、会社は辞めることになりました。

何よりも眠れないし、ご飯が食べられない。妄想や幻聴が止まらない。部屋でも外出してもずっと一人でしゃべっていて、変に思われないように携帯電話を使って誰かとしゃべっているフリをしていました。自分の部屋のエアコンに自分を薬漬けにした悪い神様が住んでいると思い込んでいて、エアコンに向かって夜通し、「お前のせいで俺はこうなった、いつになったら俺の体を返してくれるんだ」なんて罵声を浴びせたりして、近所でも僕の存在はかなり有名だったみたいです。今でもよく独り言をしゃべってしまうんですが、これは当時の癖が残っているのかなと思います。

引きこもりの十年

会社を辞めてからは、二十代後半から十年間ほどでしょうか、ひたすら引きこもって薬を使う日々でした。同じ日々をくり返していたからこの十年間は早かったですね。

親が入ってこれないように部屋に鍵まで付けて、でもお金がないので、なんとかして親からお金をだまし取ったり盗み取ったりして、薬を買いに行く。親もやっぱり親なので、「生んで後悔している。一緒に死んでくれ」と言われることもありましたが、「でも息子は薬なんか使っていない」と信じたい気持ちがあるのか、なぜそんなに大金を使うのかいぶかしがりながらも結局お金を出してくれていました。十年間で三千万円くらいは使っています。

このころは過食もしていました。薬を使っていると痩せるってよく言われますけど、実は痩せる人も太る人もそれぞれなんですよね。僕はどんどん太っていって、このころは百二十四キロもありました。

百二十四キロの三十七才が、髪も切らずお風呂にも入っていない状態でずっと引きこもっている。薬がないと動けない。薬の影響でいつも暑いので、素っ裸で靴下と白手袋だけ着けて（末端だけ冷えや神経過敏になるため）部屋で過ごして、泣きながら薬を買いに行く、こんな状況ですよ。死のうかと思っていました。

薬を使うきっかけになった憧れの先輩とは関係が続いていて、二人で薬をずっと使っていました。「なんであいつに薬を教えてしまったのか」とことあるごとに後悔しているようでした。「山ちゃん、俺たちこれからどう生きていくんだろう、やっていけるのかな」と言われたり。僕はやめる気がなかったんですが、先輩はやめようと努力もしていて、連絡が取れないと思ったら警察に自分から飛び込んで実は留置所に入っていたことがあったりとか。

先輩も僕と同じような状況で、家族もめちゃくちゃ、二世帯住宅を建てたばかりだったのですが、壁には薬の影響で殴ったのかボコボコ穴が空いているし部屋やトイレも汚い。奥さんがいたのですが、先輩の元から逃げて離婚してしまった。先輩は、それが理由かはわからないですが、首を吊って死んでしまったんです。

周囲からは、先輩の死をきっかけにいろいろ声をかけてもらいました。後輩に首根っこを掴まれて、「今からやめないと、本当にお前も死ぬぞ」とか、事情聴取のように「お前が先輩を殺したんじゃないか」と問い詰められたりとか。僕もそれに向き合えずに感情を薬でごまかし続けて。やめられないどころか量がさらに増えていきました。

そんなある日、車で薬を買いに出かけて、無事入手して帰る途中に、警察に止められた。その時薬が効いていた状態だったので、やはり警察官の勘で怪しいと思ったんでしょうね。車の隅々を調べられて、最後の最後に「ダッシュボードを開けて」と言われる。そこには買ったばかりの覚せい剤と注射器が入っていたんです。しかも、常連だったからサービスでどっさりつけてくれていたんですね（笑）。

このころの私は、薬漬けで感情のコントロールが退化して、幼児のようになっていましたから、この時は必死で絶対嫌だと泣きわめいていました。そうすると警官がどんどん応援を呼んで、最後は警官二十人くらいに取り囲まれていたんじゃないかな。

結局、運転席から引きずり剥がされて、覚せい剤も見つかってしまって逮捕されました。はたから見たら恐ろしい光景ですよね。百二十キロの巨体が路上で警官に取り囲まれて、赤ちゃんのようにぐずり、泣きわめいているんですから。

ダルクとつながる

警察署で取り調べを受ける間、留置所へ入れられていました。そこで運命の出会いがあったんですね。入った当初は雑居房にいたんですが、太っていたのでいびきがひどく、一緒に入っていた人たちのブーイングを受けて途中で別の房に移りました。そこにいた同じく薬物中毒の先輩にダルクの存在を教えてもらうことができたんです。

彼自身はもうその時点で何度も服役していて、現在も八回目の服役中です。僕は彼に教えてもらって今薬物使用が止まっているのに、皮肉な話ですよね。

僕は初犯だったので執行猶予付きの判決が出ました。そこから実際にダルクに入寮して、プログラムに参加し始めました。ミーティングとかもいろいろな人がいて、儀式みたいでもあるし、「ミーティング」と言っているのに誰も目を合わせないでうつむき気味に話を聞いているし、最初は何がなんだかよくわかりませんでした。

あの独特の雰囲気を口だけで説明するのは難しいですが。当日のテーマに合わせて、発言したい人が自分の話をするんですけど、「言いっ放し聞きっ放し」というのがルールで、誰かの発言に意見を言ったりはしないんです。とにかく自分の話をそれぞれがして、みんなそれを聞いているだけ。

ダルクに行ってから、薬が止まったんです。「回復したんじゃない?」と錯覚して、それをミーティングでも話したら、周りの人に笑われたりとか。あとはいくら聞きっ放しとは言っても、いい話をするとみんな笑ってくれるんですよね。それで慣れてきたら、ウケを狙って面白可笑しく話したりもしましたが、ウケ狙いをみんな感じ取って、ウケなくなったり。

ミーティングでの話し方と聞き方は、その人の依存受け入れの度合いを反映しているんですよね。僕の場合は、三カ月たってやっと人の話が耳に入るようになっていきました。

依存症は関係性の病

ダルクに来て一番大事だったのは、人とのコミュニケーションです。これまで引きこもっていたのがいきなりヤク中のおじさんたちと十人で集団生活するわけですから、トラブルやケンカだらけでしたね。それが子供の時にやるようなしょうもないケンカばかりで、それが嫌で嫌でスタッフに相談しにいったら、嬉しそうに「いい問題にぶつかってるねー！」と褒められたりとか。

薬をやめていくこととコミュニケーションは比例していて、「依存症は関係性の病」。関係性の問題を解決していくために自分たちは入寮しているから、今思えばそのスタッフの人の言う通りなんですけど、当時は拍子抜けでしたね。

実は、ダルクとつながってから、僕自身は一度も薬物を使っていないんです。そういう人のほうが少なくて、使っちゃう人のほうが多いんですけどね。クリーンタイムはもう今年で十二年になりますが、なんで僕が使わないで済んでいるのかは、実のところよくわかりません。でも使いたくてしょうがない時は何度もありました。

しばらくしてから、ダルクでの入寮は続けながら、会社に勤め始めました。その時は自分はもう治ったと思っていました。ミーティングへの参加頻度が下がっていたことも、回復済みなので大丈夫だろうと、あんまり気にしていませんでした。これをダルクでは「治っちゃった病」と呼んでいます。

その仕事は三年間続けていましたが、ある日うつになってしまったんです。やはり関係性の弱さは抱え続けているので、パワハラなどいろいろ耐えられなくなって、精神的なものが出てしまったんですね。薬物への依存を捨てきれていなくて、自分の無力さを受け入れていないんですよ、結局。

心の穴を薬で埋めようとするところが依存症者にはあります。それだけに依存するのではなくて、セカンド・アディクションとしてのギャンブルやセックスなどに依存していく人もいます。私もそうでした。でも、心の穴なんて、そんなもので埋まるわけがないんです。他のもので埋めていくのではなくて、埋まらないことを受け入れることが回復では大事。そのためのプログラムがダルクでは組まれています。でも、あくまでダルクにつながった時点がゴールなのではなく、スタートです。そしてそのスタートはゼロからのスタートなのではなくて、「マイナスからのスタートだ」、というところを覚悟しないといけないのだと思います。

社会に出てみて、でもダメだったから戻ってきて、今はダルクで働いています。薬は最近でもやりたくて仕方がない瞬間がありますし、「回復」とか「治る」ということはないんじゃないか、と思っています。今は、「結果として止まっている」だけなんだと。

薬は刺激が大きすぎて、その刺激がないと何も感じられなくなっていた。今では小さなことに幸せを感じられるようになったと思います。

薬物使用の選択について、皆さんに自分の友達や先輩や後輩との関係性を媒介させて想像してみて欲しい。もうその時には、選択する時点では、すでに下準備が、前提ができてしまっている状態なんです。

「使っていたこれまでの自分には責任がなく、これからの回復には自らの責任が伴う」とある研究書に書いてありました。でも、三千万円も費やして、周りに迷惑をかけてきたこれまでの責任を感じないでいいかっていったら、そんなことは絶対にできません。もしかしたら、ずっと考えていく問題なのかもしれませんね。

受講生リアクションペーパー　……　山口哲哉さん・薬物依存症

●薬物を始めることも続けることもやめることも意志の強さの問題だと外からは考えられがちだが、意志の入り込む隙間はなくて、始めた理由や絶ち続けられている理由もはっきりしていないのが実情なのだろうと感じた。「更生プログラム」を受けた人でさえ治ったと思ってはならず、ずっと亡霊を引きずって、風にさらされ続けて生きるということ。強く踏み出してはいけないって難しいなあ。（文科三類二年）

●山口さんの人生の中でポイントとなる出来事のすべてが偶然のようなものであり、だからこそ、薬物依存になることはどんな環境で過ごしている人にとってもあり得ることなのだと思う。しかし最初の使用が山口さん自身が薬物やりたいと感じている時期と重なっていたこともあるので、薬物をやりたくない、という気持ちは薬物に踏み込まないためにはやはり大事なことだと思う。ただ、普段は薬物をやりたくないと思っている人でも、つらいことが続いて精神的にきつい時にすすめられたら誘いに乗ってしまうかもしれない。（理科一類一年）

●薬物依存と対人関係にはつながりがあるというお話ははじめて聞きました。薬物しか頼れるものがない状況から救う役目もダルクのミーティングは果たしているのかもしれない。山口さんのお話を聞いていると、警察に逮捕されたことが良かったのかなと思いました。きっと、一人ぼっちで薬物を使う日々が終わることはなかったと思います。誰かに見つけてもらうって大事ですね。（文科一類一年）

●めちゃくちゃおもしろい講義でした。薬物依存症は、自業自得なイメージが強いため同情のような感情は湧かなかったです。また、理解を示すことがどうしてもできません。このような考えが、ダルクの方々にとって社会復帰の障壁になっていると考えると複雑な気持ちになりました。（文科二類二年）

●印象に残ったのは、薬を「やめられた」とは言わずに「止まっている」という表現を使っていたところです。一回止まれば依存症は完治すると思っていたので、この表現から依存症の根深さがうかがえます。また、薬を楽しい気分になるために使っていると思っていたのですが、ずっと嘘をついていることへの罪悪感を常に感じていることを知って驚いたし、そのつらさは想像以上かもしれないなと思いました。そして率直に自分は薬を使うような人生を送りたくないと思ったが、「そんな人生」と思っている時点ですでに、薬物依存になるような人と自分は違うと区別してしまっているのかなと、複雑な気持ちにもなりました。（文科一類一年）

●自分自身がすぐに薬物に手を出すとは考えにくい。でも、自分が一人になって孤独の中で勝手に追い詰められた結果、自暴自棄になり身を滅ぼすこともあり得る、あり得たんじゃないかという恐怖を覚えた。というのもつい最近一、二カ月ほど軽い引きこもりのような状態になってしまっていて、日に日に自分が人間として終わっていく感覚、自業自得と罪悪感に身もだえる日が続いたからだ。最初からそんな大それたことはしないし、できないけれど、小さい躓《つまず》きがきっかけでどんどん悪循環にのまれることもあるかもしれない。改めて気を付けようと思ったし、他者に頼ろうと思った。（四年）

「自己責任」と「意志」

授業終了後、一人の学生が山口さんに話しかけていたのが忘れられない。

「やっぱり依存症は自分勝手だし、『自業自得』だと思う。薬物を使うことを『決めた』のはやはりご本人なんじゃないか。お話しされていることは全部真剣に聞いたつもりだけれど、どうしてもわからない」と、正直に伝えていた。山口さんも、「まっすぐでいい子だね、率直な意見をありがとう。そうだけど、でもそうじゃないんだよ」と真剣に応えていた。

その後、東京ダルクの見学をゼミで行った際も、その学生の姿があった。ミーティングやグループホームを見学し、「ヤク中」の入寮者たちと話して、彼は何を思ったのだろうか。

「依存と自立」テーマの講師三人の講義が終わったあと、ディスカッションを受講生全体で行った。ファシリテーターの学生が「依存症の人の話を聞いて、自分と共通するところがあると思った人、わからないと思った人、それぞれ手をあげてみてください」と問いかける。前者で手をあげる学生がかなり多く、自分もスマホやゲームに依存してしまっているのではないかという不安や、心の穴や寂しさが埋まらないことへの共感を理由としてあげていた。山口さん回の感想にも、そういった意見は多い。一方、後者の学生もおり、安易に自分の経験が「同じ」ものだと言うことはできないという意見が出た。

また、薬物依存症に関する本人の責任や選択、意志をどう考えるかという議論も、かなり意見が割れた議論のうちの一つだ。

「薬物を使うかどうかは、やはり自分で『選択』しているものだし、使わないという選択も自分だったらできると思う」、というある学生の意見に対して、「意志の弱さの問題と言うけれど、意志なんてそもそも能動的に操作できるものではない。意志でどうにもならない環境のせいで追い込まれてしまうんじゃないか」、という学生もいた。そこからさらに「環境だけで依存症になるというのは、自分に落とし込んで理解できないし、環境が絶対に依存症を生むわけではなくて、やはり『使う』という選択の結果なってしまうパターンもあるのでは」、とたたみかける意見もみられた。

薬物使用は、日本においてはただちに犯罪となるが、犯罪には責任能力が問われるからして、「自己責任」の問題についての意見の相違が表面化しやすかったのだと思われる。もちろん、これはギャンブル依存症や摂食障害における「意志」の問題に通じる議論だ。


（今井）

2 田中紀子

　最近、通学電車のつり革につかまってボヤーっとしていると、競馬場の広告が目に入ってくる。その広告には子供から大人まで、幅広い性別と年齢の人々の来場を促すような文句が並んでいる。これを見て少し不安や違和感を覚えるのは私だけだろうか。昔は、こんな公共機関で宣伝なんかしてたかな。これいいことなのかなと思ってしまう。

　なんとなく、ギャンブル、競馬は悪いイメージと結び付く。もちろん偏見だろう。ただなんとなく、ギャンブル依存症と私たちの距離はすごく近くなっている気がするのだ。そんな心持ちで、この講義に耳を傾けた。

　田中紀子さんは、とても元気で明るい方だっ

ギャンブル依存症

た。テンションの高さとハキハキと講演する姿に圧倒されてしまった。テキパキしていて管理が上手で、なんでもできてしまうキャリアウーマンのようなオーラが出ていた。

そんな田中さんは、夫婦揃ってギャンブル依存症だったと語る。夫婦二人とも社会人としてしっかり働いていたにもかかわらず、稼いだお金はほとんどギャンブルにつぎ込んでいたらしい。過度なギャンブル依存症で苦しんでいたとハキハキと語っている姿は、想像がつくようなつかないような不思議な気持ちだった。

今は、ギャンブル依存症の回復の経験を活かして、ギャンブル依存問題を考える会で依存者への介入や支援をされている。

（香川）

依存者への介入と支援

私たち、ギャンブル依存症問題を考える会の最大の特徴は、介入にあります。介入とは、ギャンブル依存症の問題が起きているお家を訪ねて行って、本人を病院につなげたり、自助グループにつながったほうが良いよということを説得しに行く仕事。この仕事をやっている人たちは、ほとんどいません。保健所の保健士とかが昔は訪問をしていましたが、今はほとんどやらない。今は、私たちがそれをやっています。だから、ギャンブル依存症のせいで暴力などを振るわれているご家族たちが、困り果てて最後にどこかで情報を聞き付けてすがり付いてくるのが、私たちのところになっています。

介入には、医療、生活保護、司法など様々な要素が絡み合います。しかし、その連携にはもちろん、未だに単体としても問題があります。例えば、医療による最近の困った事例で、カジノ法案が出てきて急に医療がギャンブル依存症を見ようと、にわかのクリニックが出てくる。もう、ギャンブル依存症の医療者を見つけること自体が、ギャンブルみたいな状況です。

望ましい支援には、医療とか、精神保健センターとか、私たちのような団体とか、自助グループが連携していくことが不可欠だと思っています。単体で何かができるわけじゃない。

しかし、国はカジノを作ることを急いでいるので、医療を充実させますっていうアリバイ作りのようなことをすごく強調します。でも、実際は連携を強化しなければならず、すぐにはできない。医療や司法などの垣根をまたいでの援助を行政はやってはくれない。でも、民間の連携だったらできるわけです。だから、いろいろなところと連携していくことが必要なんですね。

他にも、社会復帰の支援が必要です。ギャンブル依存症の人は、社会復帰がしにくい。頑張って稼いで、今まで使った分を取り戻すんだっていっぱい働く。そうなると、ストレスがものすごく溜まるわけです。そうすると、息抜く程度なら少しならいいかって、悪夢再びっていうことが起こっちゃうんです。

だから、無理のない計画を立てていくファイナンシャルプランナーさんとか、弁護士さん、司法書士さんとかと相談したり、ストレスが溜まったら自助グループとか、カウンセラーとか、人間関係を相談できる人たちをサポーターに置く必要が出てくる。こうやって、はじめてやめ続けられるのですが、こういう社会復帰支援っていうのが、すごく少なくて困っているんです。

ギャンブラー兼ギャンブラー妻

この支援につながる前、私と夫がギャンブル依存症だったころの話をしましょう。私が生まれてすぐ、父が会社のお金を横領しました。父がはまっていたのは競輪です。そんな父と母は離婚して、母の実家に戻ることになりました。しかし、母の父、私にとってのおじいちゃんがパチンコ依存症だったんです。だから、離婚して実家に帰っても私にとってはあんまり環境が変わらなかったんですね。大人になり、一度結婚しましたが、離婚し、三十歳の時に競艇好きの今の夫と出会いました。デートはいつも競艇場。三代目ギャンブラー兼ギャン妻の誕生です。

なぜ、そんな夫に惹かれていったのか？　だって、自分はものすごくギャンブルの家族に育てられ苦労しているわけですよ。一回目の結婚は、まあまあ三高な男を捕まえたわけですけど、そういう条件だけで選ぶと幸せになれないもんなんですね。全然気が合わなくて、別れる羽目になりました。そして別れた時に思ったのは、本当に好きな人と結婚すべきだと。今の夫と出会った時、ものすごく気が合いました。

私は、「確かに家は貧乏だったし、おじいちゃんもギャンブラーだった。でも、私や彼は違う。社会でこんなにきちんと活躍して働いてもいるし給料ももらっている。だから、おじいちゃんのようになるわけがない。自分は、節度を持ってギャンブルを楽しめるはずだ」と思ったんです。だから、彼に惹かれていくことに抵抗もなかったんです。

末期には一日二百万円を使う

人間は、上手にドーパミンと付き合っていて、例えば、何かをやり遂げた時とか達成感を感じた時にドーパミンがドバっと出て、快感を感じられるわけです。ところが、ギャンブルのようなものでドキドキハラハラしたりすると、ドーパミンがドバドバ簡単に出るわけです。

はじめは、普通の状態でギャンブルをやると、すっきり楽になるというか「快感を味わえる」という感覚でした。だから、ギャンブルをやめればまた「普通に戻る」っていうことができたわけです。

でも、それをくり返しているうちに、ギャンブルをやっていない時にイライラしてしまうようになる。このイライラしている状況を少しでも抑えるためにギャンブルをし、「ギャンブルをやっている間だけ楽になれる」。やらないとイライラしちゃうので、「普通にも戻れなくなる」。これが、依存症の怖いところ、強迫観念なんです。感情と依存症は大きく関係していて、「ギャンブルしている時だけ、嫌な感情を忘れることができる」ということが強烈に頭の中にインプットされてしまうのです。

私の場合、この強迫観念がどれだけ大きくなってくるかというと、私は得意種目が競艇だったので、競艇にはまっていたわけです。競艇って、一レースから十一レースまであるんですけど、そのレース間にインターバルがあるわけですよ。で、末期症状のころは、この次のレースまでのインターバルが我慢できなくなってくるんです。で、スポーツ新聞を買ってきて、電話投票で日本国中で行われている競艇から競馬から競輪からありったけ投票するようになる。そして、次のレースに向かう。また見る、はずれる当たる、また電話投票するっていうような状況になってくる。だから末期の時、私は一日二百万円くらい使っていました。

そして、それでも飽き足らず、行き帰りの道で歩いている時間も我慢できなくなってイライラしちゃって、スクラッチくじをたくさん買い込んで、削りながら歩くみたいになっちゃうんです。そしてさらに、夜は夫や仲間たちと一緒に徹夜麻雀をやるみたいな状況になってですね、二日三日寝なくても平気な状況だったんですね。私は、そんなことをくり返していました。

なんと夫は、ギャンブル好きが高じて競艇の会社に就職するんです。競艇のＩＴのシステムを作っている会社に就職しました。インターネットのシステムなんかも夫が作ったんです。そうして自分でシステム作って、それを使って自分で投票するみたいなことをしていた。

私たちは、決して仕事ができないわけでもないし遊び人でもない。仕事もものすごくやって、それも夢中になっていた。夫は、三十代のころ年収一千万を超えていました。私自身も弁護士事務所に勤めていた時に六百万くらいもらっていたんです。結構稼げているほうだったんです。

そのぐらい、社会人としてもちゃんとできる人たちだったのにもかかわらず、ギャンブルがやめられなかったんです。だから自分たちに起こっていることが不可解で不可解でしょうがなかったんです。なんでこれができないんだろう、自分たちをすごく意志が弱いということで責めていました。

ギャンブル依存症と診断される

依存症の誤解で、「もう二度とやらない」とか「心を入れ替えて仕事に専念する」と言うと、普通の人はなんだか安心するんですね。でも、私たちが聞くとそんな甘くないよって、もうやらないなんて誓っているうちは、まだまだ全然ダメだなって思うんですね。でも、「自分ではもうやめられない、やめる自信がないんだ」ってなったら、普通の人は、「甘えるな、意思をしっかり持て」と言うんだけど、私たちは、ついに自分じゃやめられないことを認めてくれたんだな、これで回復できるなと思うんです。

ある時、夫が「俺もう治らないんだ。病気なんだ、助けてくれ」って泣いたんです。満員電車の中で。その時、本当に「甘えているんじゃないわよ」って言ったんですけど、その様子を見て、これは何かおかしいって思ったんです。でも、ギャンブル依存症なんて全然知られていなかったからわからなかったんですが、たった一人、ブログでうちの夫はギャンブル依存症だと診断されたと言っている人がいて、それで私もわかったんです。

これは、「本当に病気なのかもしれない」と思って、医者に連れて行ったというのが私たちの回復のきっかけなんです。医者にこう言われました。「君たちはギャンブル依存症だ。自助グループに行きなさい」と。「自助グループには、同じ問題に悩む人たちが集まっている。ギャンブル依存症の当事者ならGA（ギャンブラーズ・アノニマス・本人のための自助グループ）、家族ならギャマノン（家族、友人のための自助グループ）に行きなさい」と言われたんです。

でも、その時思いました。そんなみじめな人たちが集まっているところに私行きたくないよって。私は違う、自分がちゃんとやればやめられると思ったんです。でも、医者がこう言ったんです。「この病気はね、医者に来たからって治らないよ、医者に治せる病気じゃないよ、自助グループに行かなきゃ治んないよ」と言われたんです。だから、私が行かないと夫も行かないと思ったのでしょうがないから行くか、と思ったんです。で、そんなみじめな人たちと一緒にされたくないから、一回だけ行ってやめようと思ったんです。

自助グループとの出会いから回復

自助グループ、依存症の回復プログラムってなんなんだ、どういう仕組みなんだ、ここに来ると何が変わるんだ、なぜ、私は回復できたのかということを最後にお話ししようと思います。

自助グループには、十二ステッププログラムというものがあります。そのステップのプログラムは簡単です。今までそのプログラムをやっていた人についてもらって、自分ではやめられなかったことを認めることがまず第一。そして、自分が依存症のせいで今まで何をやらかしてきたか、恐れていたことはなんなのか、傷つけてきた人、恨んでいた人は誰なのかということを全部書き出すんです。つまり、自分の人生を振り返るんです。そして、それをもう一人の人に見てもらう。そのことによって、いろいろな出来事が人生にありましたね、わかりますよと共感してもらう。そして、自分が傷つけた人にだけはきちんとお詫びをしましょうって流れになるんです。ギャンブル依存症で迷惑をかけた人には謝りに行って、「できる限りの返済をする」ときちんと伝え、「できるだけの埋め合わせをちゃんとしよう」ということをやるんです。そして、それをやったあとに「同じ問題で苦しんでいる依存症の人、その家族を助け続けることをやろう」というプログラムになっています。

私は、傷つけた人をリストに書き出し、幼馴染に謝りに行きました。小学生のころ、みんながやるからという理由で私も彼女をいじめてしまったのです。私は、そのことをとても後悔していたので幼馴染の家を訪ねました。その時、すごく嫌っていた自分、自分の中の醜い自分とか、自分の中の許せない部分っていうのが少し消化された気がしたんです。ああ良かったと思えたし、そんな自分をちょっとずつ好きになれました。

こんな感じで、プログラムをくり返していくんです。一日生きれば、一日罪を犯すのが人間ですよね。自分の嫌なこと、自分を嫌いになっちゃうこと、自分を見捨てるようなことを自分がやってしまった時に、すぐにそれをリカバーできるように埋め合わせをして、いつも自分を好きでいられるようにする。それが、依存症の回復プログラムなんです。そして、誰かを助け続けることによって、「自分は、この世にいていいんだな」っていうこと、「この経験が、誰かの役に立つんだな」ってことがだんだんわかってきたんです。

もちろん、すぐには楽にならなかったです。私の場合は、四年かかりました。今は、くそ度胸としゃべりを生かして、誰もやれない依存症の介入をやり、誰かの役に立つことを実感しています。そんな自分が、もちろん好きです。だから今、自分は回復し続けることができているんじゃないかなって思います。「依存症になって良かったな」って、今は思えるようになったんです。

旦那は、競艇の会社にいるとギャンブルをやめられないということで、退職しました。そして、自分で会社を興しました。やっぱり夫のほうも、四年ほどぐずぐずしていたんですけども、会社を興して今九年目です。今は、六十人くらい従業員がいる会社になっています。依存症者なので、今は会社の経営にのめり込んでおります。

依存の原因

原因は、親子関係がすべてではないと思います。人が育つのは、親との関係だけではないから、そこまでにいろいろな経験があるので。ただ、遺伝的要因は関係していると思います。癌の家系は癌になりやすいから気を付けなさい、みたいな。ギャンブル依存症の遺伝子は持っていても発現しない人ももちろんいますが、実際にそういう遺伝子研究は進んでいて、私たちも、「ギャンブル依存症になりやすいから気を付けなさいよ」と、子供が中学生くらいになったら言いなさいと医者に言われました。

私たちは、自尊感情、自尊心が、依存症の人たちとちょっと関係しているんじゃないかなって思います。自尊感情をプライドの高さと勘違いしてしまうところがあるんだけど、私たちは、高いプライド、低い自尊心というふうに使っています。間違ったプライドで自分を隠そうとするせいで、余計誰にも助けを求められず、依存症が長引いてしまうっていうことがある。だから、この自尊感情と依存症は大きく関係していると思います。

受講生リアクションペーパー　………　田中紀子さん・ギャンブル依存症

●我々が初等教育や社会の中で提示される道徳の考え方では、問題の関心が精神だとか心の持ちようだとかいう内面的なものに還元しようとしますし、ギャンブルをやらないのが善でやるのが悪だ、といった単純な対立で捉えがちだと思います。真面目に生きなかったがために勝手に転落していった自業自得な人間としか捉えることができず、他の重要なファクターを見落としてしまうと思いました。（文科二類一年）

●自業自得のものだと思っていたが、それは今もあまり変わっていない。生活保護を受けているのにギャンブルをする神経を理解できないし、借金をしてまでする行為なのかはなはだ疑問である。結局は、自分の意志でギャンブルに踏み込んでいってしまったのではないかと考えてしまう。どうにも「自分はこういう人のために何ができるのか、どうあれば良いのか」といった感情が出てきにくい。このような感情を捨てきれない人は、どのようにギャンブル依存症の人と対していけば良いのだろうか。（文科一類一年）

●ネット依存やゲーム依存に引き付けて考えることは可能だろうか。個人的に最近ネットゲームにはまっていて、気が付いたら日が昇っていたこともある。夫さんが競艇の会社を辞めたように、自ら依存対象から離れないとどんどん依存していくのかなと思いました。（文科二類一年）

●私は、中高で陸上と勉強に一生懸命打ち込んでいたが、現在大学でその二つがなくなり、虚脱感に襲われているが、大学に入る前に部活などに打ち込んでいた人がギャンブル依存症になるケースもあると聞いて、自分にとっても他人

事ではないように感じた。（文科一類一年）

●ギャンブル依存症の人を心のどこかで軽蔑している自分がいることに気付いた。私の祖父も生前パチンコにはまっていて、そのせいで少し祖父を避けるようになった。最近では後悔しているし、今日のお話を聞いて苦しい気持ちになったけど気付けて良かった。これからは他人に対しても自分にも違うアプローチができると思う。目に見えるような障害ではないからこそ、「自業自得」という一言で片付けられてしまうのだと思う。（文科一類一年）

●最後の「今は自分のことが好きです」と言う田中さんの言葉が印象的で、とてもイキイキして見えた。依存症の回復ステップにあった自分の残した罪をすぐにリカバリーすること、誰かのために役立つことは、依存症でなくても自己肯定感を高めるヒントになると思った。（理科一類一年）

●依存症は、探してみると誰しもその種は持っているのだろうと思う。きっかけもその辺に転がっているし、自分のことを百パーセント認められる人の数は微々たるものだろう。気を付けていきたい。驚いたのは、依存症の遺伝的要因である。そんなものがあるとは知らなかったし、環境による影響のみだと思っていた。この情報はみんなが持つべきだと思った。（文科三類一年）

●行政が追い付いていない、連携をとれるパイプができていないという話は覚えておきたいと思った。自分も最近趣味と呼べるものがなく「刺激が欲しい」などと口にしていることがあったのを思い出し、ギャンブル依存症になる可能性が十分にあることを認識した。（文科三類一年）

得られない共感

　ギャンブル依存症。明るい口調でハキハキとした講演とは反対に、どこか冷めた自分がいた。この冷めた理由は、自業自得だろと突き放す自分がいたからだ。なんでそんなに堂々としているのだと思ってしまったからだ。

　薬物依存は自分とはかけ離れ、薬物に破壊された生活の非日常性に圧倒された。摂食障害はどこか病気の面が強くあり、自分の意図とは無関係に摂食障害になってしまったという理由で共感できた。しかし、ギャンブル依存症に対しては、正直圧倒されたり、共感することがなかったのだ。ギャンブルは私たちにとって、薬物よりももっと身近で、駅の周りにはパチンコ屋がたくさんある。競馬場も競艇もＣＭでよく目にするようになった。それでもギャンブル依存症にならない人はいるのだ。それに私は、〝負けた分取り返す〟という考えが苦手なのかもしれない。

　田中さんは､どこか堂々としていた。依存症になったことも良かったと思うとおっしゃっていたし、私は今の仕事バリバリ頑張っていますと自信にあふれていた。その姿は、負けた分取り返すというギャンブルのイメージと重なってしまった。そんなことを思うのは失礼かもしれないが、悪いことをしたという意識よりも、今を生きることに堂々としている姿にどこか冷めてしまったのだ。

よくもここまで、ギャンブル依存症に対して自分勝手で偏見に満ちた文を書けるものだ。考察になっていないかもしれない。ただ、ここまで書いて、ゼミ顧問の野澤さんの言葉が私の頭をよぎるのだ。差別というのは、多数派が当たり前だと思うことから、無意識に始まってしまうものなのだ。

私は、ギャンブル依存症の苦労を知らない。その苦労を当然の報いだと思ってしまっている。でもそれはおかしい。我々の多くは、ギャンブル依存症ではない。でも、だからといって、ギャンブル依存症の人を、自己責任だと突き放していい訳ではない。私たちの少しの配慮で何か変わることがあるならば、配慮はすべきであろう。突き放すことでは何も生まれない。もし、講演直後の自分のように突き放してしまうのならば、それは、多数派の人の問題でもあるのだ。

この拙い文章が、そんなきっかけになってくれればと思うのである。ほんの少しの人しか読まないとしても、勇気を出して書いたこの文章を世に出すという行動は、私をギャンブルよりもわくわくさせてくれるのだ。

（香川）

3

鶴田桃エ
高橋直樹

鶴田さん、高橋さんはどちらも屈強で健康そうとは言えない感じで、むしろ繊細、儚《はかな》いといった言葉が似合いそうな雰囲気をまとっていた。「闇を抱えていそう」という第一印象を抱いた学生も多かったようだ。

摂食障害といってもいろいろな症状の人がいる。テレビでよく取り上げられるような三桁体重の巨漢、というのはごく極端な例で、すらっとした体型なのに「自分は太っていて醜い」という人、普通の量しか食べないのに「私は食べ過ぎだ」という人。若い女性がなりやすい病気、と思われがちだが、六十代の人も男性もいる。摂食障害と同時に、窃盗癖や薬物・アルコールへの依存が起きる場合もある。低体重で入院、最悪の場合死に至るケースもある。

摂食障害

鶴田さんと高橋さんは、現在摂食障害の自助グループＮＡＢＡ（ナバ）で活動している。ＮＡＢＡのホームページを見てみると、「いいかげんに生きよう」とタイトルバナー横に書いてある。「食べる」という生きていくうえで最も大切な行為の一つを、制御できなくなる摂食障害。その背景には、「完璧に生きねば」という行き過ぎた意識、そこからくる自己否定感がある。そしてそれらは、人生のどこかで、家族をはじめとした他の誰かと生きていく中で培われたものである。

ＮＡＢＡでは、症状を分かち合い消していくことではなく、症状の根元にある生きづらさに自分自身が気付き、それを他人と分かち合うことを目指している。

（大島）

・鶴田　桃エ（ＮＡＢＡ）

摂食障害の症状はごく表面的なこと

摂食障害って、皆さんなんとなくご存知ですかね。拒食症や過食症をまとめて摂食障害って言います。食べようとしても食べられなくなったり、食べたくないのに食べ過ぎてしまったり、その結果、嘔吐や下剤乱用をしたりなど、いろんな症状があります。マスコミは、ガリガリに痩せたりものすごい量を食べたりという極端なケースを取り上げがちですけど、みんながみんなそういうわけではないです。確かに若い人、女性に多い症状ではありますが、ＮＡＢＡには六十代までのメンバーがいるし、男性ももちろんいます。実際、ＮＡＢＡには「こんなことぐらいで悩んでいいのか」という仲間が多いくらいです。

摂食障害は、どの程度から摂食障害なのか、回復がどこからかっていうのが、本当に曖昧です。例えば、食べることが好きでふくよかな人が過食症かっていうと、「私は自分で気に入っているからいいの」と、本人が何も悩んでいないなら、過食症の「症」は付かないですよね。それから、アルコールや薬物などの依存症だと、「今日からやめる」っていうことがすごくわかりやすい。一方で、摂食障害っていうのは、食べるっていう日常の行為ですから、すっぱり全部やめるということができない。

摂食障害は、過食や拒食のような表に出ている症状にとらわれがちなんですが、私たち摂食障害の自助グループNABAでは、そういった症状はごく表面的なことだと考えています。症状の背景には、自己否定感や自尊心の欠如、耐え難い寂しさがあって、対人関係や生き方の中に本質的な問題があると言われています。「このままの自分じゃ生きる価値がない」というかたくなな信念こそ、この病気を生み出していると考えています。

私がNABAに出会うまで

私自身は、かなり激しいタイプの摂食障害者でした。身長百六十七センチで体重が三十キロを切ったり。それから、家で暴れたり、万引き・盗癖があったりして、精神病院の入退院をくり返していました。

私は、三人姉妹の末っ子です。姉たちがとても優秀で、私もそれに追いつかなくちゃと思っていました。父親は、地域の名士と言われる職業に就いていました。豪快で真面目な九州男児で周りの評判も良かったんですが、躾と称しては怒鳴る、叩くという、今でいうDVの家族だったと思います。だから、母と姉たちが集まると父親を悪くしか言わないんですね。私はすごく複雑でした。私自身は、末っ子ということで父親には可愛がられていました。と同時に、「私だけはお父さんの味方にならなくちゃ」と思って、一生懸命父親に甲斐甲斐しくしていました。結果的にそのことは、私が母から受け入れてもらっていないという寂しさにつながっていました。

母親は、外から見たら明るくて楽しい人と言われていましたが、家の中にいる時はすごく暗く見えました。私が「良い点数取ってきたよー」と言ってテストを見せても、全然喜んでもらえませんでした。父からいつもバカにされている母が喜ばなかったのは、今となってはわかることですが、私はつらそうな母を見ていて、少しでも笑顔になって欲しいといろいろと頑張ったけど、それがなんかピント外れでした。

摂食障害は「よい子病」と言われますが、私も十五歳くらいまでは勉強も親の言いつけもよく頑張りました。でも、だんだん自分の限界を感じ、ズリ落ちていく不安に焦っていたと思います。周りの子たちが自分のやりたいことをやっている中で、自分は何をやりたいのか、どう生きたいのか全然わかりませんでした。

そのころ過食が始まりました。今考えても体重五十三キロくらいで全然太っていなかったけど、自分ですごく醜いとかみっともないと思っていました。今同級生に会うと、「お前すっごく楽しそうに学校生活やってたけどね」って言われるけど、そのころの記憶がほとんどないんです。

大学生になると、過食から過食嘔吐に症状が変わっていきました。一時、症状が止まり、大学卒業後は就職して、三年間頑張ったんです。その時、お医者さんに「あなたはすごく大変な子だったけど、立派に回復したね」って言われました。

当時のお医者さんたちが言う回復の定義っていうのは、女性だったら、学校に行って、就職して、結婚して、子どもを産むっていう「レール」に乗ることでした。主治医も親もぬか喜びする中で、私自身も「もう回復したんだ」と、「こんな汚らしい摂食障害のことなんか忘れて生き直すんだ」と思ってそれまで以上に頑張りました。でも、自己否定感、「このままの自分では受け入れてもらえない」という感覚はむしろ強くなっていったと思います。

仕事そのものはしっかりこなせましたが、「誰にどう見られているか」とか、「もっと評価されなくちゃいけない」とかが気になってばかりで、そのうちにまた症状がぶり返しました。それが、二十五歳くらいの時です。ものすごく荒れて、生きることも死ぬこともできないというどん底の状況で、ＮＡＢＡにつながったんです。

当時は、「摂食障害の仲間なんて気持ち悪い、そんな人たちと傷の舐め合いしても」って思っていたけど、私の症状があまりにもひどくて両親が家から出て行ってしまって、本当に一人ぼっちでどうしようもできない状態だったんです。

ＮＡＢＡにつながっても、症状が良くなるどころか、みんなに「どう見られているか」とか「気に入られているか」とかばかり気にしていて、「皆さんのおかげで症状が良くなっています」とか言ったりして、結局「いい子ちゃん」をやり続けていました。

通い始めてしばらく経った時に症状がまたひどくなってきて、もう投げやりになって、ある日のミーティングで、「実は私、皆さんのおかげで良くなっています、みたいなこと言っていたけど、良くなるどころか悪くなる一方で、過食嘔吐も万引きも全然止まっていません。もうＮＡＢＡ来ません」と言ってしまったんです。そしたら他の何人かの仲間が、「私も、本当はここでもすっごく寂しくて、無理していました」とか、「実は私も、万引き再発しています」と話してくれたんです。ミーティングが終わった後にも、何も言わずに肩に手を置いてくれる仲間がいたり。それが私のターニングポイントになりました。

一人で抱え込まないで共感し合う

摂食障害は、「自分に共感できない、自分と自分の仲が悪い病気」です。自分自身と折り合いが付かない病気で、自分の体型が受け入れられないっていうのはそのことを象徴しているとＮＡＢＡでは考えます。よく仲間たちが、「何を食べていいかわからない」「食べるのが怖い」って言うんですが、それは、「どう生きていっていいかわからない、生きていくことが怖い」ってことを表しているんだろうなと思います。

私がＮＡＢＡで力をもらったのは、症状を持ちながらでも今自分が何をしたいか、何ができるのかで生きていけることです。そして、決して社会から押し付けられた価値観でも職業でもなく、自分が素直にのびのび生きていても、そういう自分が「人から受け入れてもらえるんだ」という感覚を経験しました。

でも実は、自分のやりたいこと、好きなことって案外くだらないことなんですね。例えば、昔親から禁止されていたＴＶを見るとか、漫画を読むとか。そういう小さなことを大切にして、少しずつ自分を表現できるようになっていく。そうすると、あんなに頑張って「止めよう」としていた時には止まらなかった症状がなくなっていく。「止めた」っていうより「もう必要がなくなった」という感じで、多くの仲間が楽になっていきます。

ＮＡＢＡでは、摂食障害の症状は最初のうち分かち合うだけで、あとはほとんど「人間関係」「生きづらさ」について分かち合っています。私自身、「共感するくらいで何が変わるのか」と思っていましたけど、摂食障害の仲間に限らず、他の多くの人たちと、つらいことも嬉しいことも分かち合い、共感し合えるっていうことが希望になっています。

・高橋 直樹（ＮＡＢＡ）

治るのが怖い

私は、男性で摂食障害の経験者です。摂食障害が始まったのは、高校二年の時でした。当時、家族との関係も学校の人間関係もしんどくて、つらい気持ちを吐き出す場所がなくて、甘いものをたくさん買ってきて一気に食べるということをしました。そしたらあまりに食べ過ぎたんで、苦しくなって吐いたんです。吐いたら、これがえも言われぬスッとした感じ、みぞおちの辺りに詰まっていたモヤモヤした感情を食べものと一緒に吐き出せたような気がしたんですよね。それが、最初の過食嘔吐でした。はじめの時点では痩せたいとは思っていなかったんですが、過食嘔吐をくり返すうちに痩せたいという気持ちが追いかけるように出てきました。

痩せるって達成感があるんです。体重計の数字が毎日ちょっとずつ落ちていく。勉強もそうですけど、何かをやった分だけ成果が数字として表れるってすごくハマるじゃないですか。どんどん痩せることにハマっていきました。体調が悪くなるのと反比例して、「自分を完璧にコントロールできている」という感覚で自信が持てるようになって、過活動になっていきました。

気が付いたら、食べること、吐くこと、痩せることが生活の中心になっていました。他のことはもう何も手に付かなくて、高校を卒業したあとは、引きこもりました。「同世代の人たちが大学や仕事とかで着々と人生のステージを上げているのに、自分は何をやっているんだろう」って、取り残された焦燥感がすごくて。だけど、自分のネガティブな気持ちを食べ吐きや、痩せることで紛らわす癖がついているから、焦れば焦るほど食べ吐きはひどくなる一方で。そして、「自分の意思が弱くて、甘えているからやめられない」と、さらに自分を卑下することになる。

二十歳の時に、低体重でとうとう入院しました。それをきっかけに、食べ吐きを我慢して体重を戻した期間が一年くらいあったんですが、私の場合は症状を止めても全然楽にならなかったんです。

症状の渦中にいる時は、「この病気のせいで何もできない、これが治ればすべてがうまくいくはず」と思うんですけど、いざ症状を手放してみると何も変わらなかった。体重が戻って、「病院もう来なくて大丈夫」って言われた時、自分に何が残ったのかっていうと、何もなかった。痩せることに四苦八苦したり、体重を戻して回復することに専念したりしていた時には意識の隅に追いやっていた焦りと不安と恐怖がどっと押し寄せてきて、本当につらかったです。

その時に、「病気でいるのもつらいけど、実は、治るのも怖いんだな」って気付きました。どうして治るのが怖いかっていうと、「治ったらやらないといけない」っていうふうに考えていることがたくさんあるからです。でも「そんなの自分にはとてもできない」とも思っているんです。だから、病気でいると自分に対して言い訳ができるんです。その言い訳を剥ぎ取られた時に、どうしようもなくて、本当に逃げ場のない苦しさでした。その後、抑うつ状態に入って、気が付いたらまた症状がぶり返していました。

そのころに、以前から本で知っていた自助グループNABAにつながりました。そこに行けば治るって期待したわけではないです。ただ、寂しかったんです。当時、自分のことを知ってくれている人は家族と主治医だけでした。家族との関係も悪かったし、主治医っていうのも結局無償の関係ではない。何者でもない、特別に評価されるわけでもなく、かといって疎外されるわけでもなく、「みんなの中にただ座っていられるような関係」が欲しいってしみじみと思ったんです。それでNABAに通うようになりました。

症状の現れはポジティブなもの

摂食障害になると、まず、食べ方や体型へのこだわりをどうにかしようって思いがちですけど、そういった症状と格闘するのは、戦う相手を間違っちゃっているんですよ。摂食障害に限りませんけど、精神的な症状を出している人は、その病気に困っているように見えるけど、本当はまだ語られていない別の困難を抱えていて、でもそのことを言語化したり解決したりできないから、症状によってそれを表しているんだと思います。

たとえば、「ショックな出来事があって食べられなくなった」というのだと、この因果関係がはっきりしていますよね。でも、私もそうでしたけど、摂食障害を長くやっているような人は少し入り組んでいて、原因を尋ねられてもたいてい、「特に何かあったわけじゃない」「どうしてこうなったのかわからない」って答えます。

ひとつの明確な原因があるというよりも、成長する中で長い時間をかけて作られてきた「生きづらさ」みたいなものなんです。それを要約してしまうと「自分は駄目な人間だ」「このままの自分では誰からも受け入れてもらえない」という感覚です。その焦燥感や不安感が先にあって、だからこそいろんなことを頑張ろうとする。

だから、摂食障害の回復は、原因を突き止めてそれを解消すればいい、みたいな一直線のシンプルなものではなくて、「自分という物語」の中で、今いる地点を語り直すことだと思います。

短いスパンで見ると摂食障害はいろんな困りごとを引き起こす病気だけど、長いスパンで捉え直すと、もっと違うことが見えてくるんです。これまで順調だった人生が、「病気で躓いて何年も行き詰っている」と思い込んでいたのが、長いスパンで見てみると「順調」と思っていた人生に隠れていたいろいろな無理を病気が教えてくれているというふうにも見えます。自助グループで他の仲間の話を聴きながら自分を振り返ってみると、「摂食障害という病気になる前のほうがよっぽど〝病気〟だったな」と気付くことがあります。

病気は、戦う相手ではなく一緒に歩いていく相手

私は、摂食障害になって、制御できない怪物に自分が乗っ取られたみたいな感じがずっとしていたんです。だけど、あとになって振り返ってみると、あの症状の正体は、実は自分が小さい時に「お前は出てくるな」って抑えつけてしまった、自分の生き生きとした感情だったのかもしれないと思います。

時間がないので詳しくは話せませんが、親が離婚したり、小学校でいじめられたりといったつらい経験があって、でも、「このくらいのことは誰にでもある」と思って、つらいという気持ちを誰にも話さずに抑え込んで感じないようにしていました。でも、そうやって自分と自分の気持ちを切り離すっていうことを続けていると、次第に自分がどんな時に楽しいとか、どういうことをしたいとか、そういうものも一緒に見えなくなっていく。そうすると、ひたすら人の顔色を伺って、いつも不安に追い立てられて、生きていることに漠然とした虚しさを感じるよ

うになります。摂食障害が始まる前、私はまさにそういう状態だったなと思います。「お前は出てくるな」って閉じ込めた自分っていうのは、だいぶ不貞腐れているし、外に出してもらえなかったから退行して言葉もろくに話せない。それが、激発する怒りだったり、わけもわからない涙だったり、止まらない食欲だったり、そういう形で表れていた。「変なものが出て来た、どうしよう！」みたいに思っていたけど、それは実はもう一人の自分だった。

だから摂食障害は、戦ってやっつけてどうにかする相手じゃなくって、本当は話を聞いてあげて、仲直りして、一緒にこれから歩いていくっていう、そういう相手だったんだなあっていうふうに思います。病気の正体は何かっていうと、実はその人の中に隠れている健康性なんだと思っています。そうやって症状と喧嘩するのをやめると、症状は自然に治まっていきました。

ただ、こういうことに気付いて取り組むのは、やっぱり一人では無理で、それは仲間との出会いでした。摂食障害の人には共感できるな、一緒にいてホッとできるな、っていうことを通して、自分のことをちょっとずつ許せるようになってきたと思っています。

受講生リアクションペーパー ……… 鶴田桃エさん／高橋直樹さん・摂食障害

●私は、摂食障害の方の気持ちは残念ながらわかりません。どうにかなるだろう、と今まで適当に過ごしたという感触が強いからです。「症状に救われている自分がいる」「病気が治った後の自分に何もない」という言葉が衝撃的でした。病気が治ったあとにこそ、自助グループは必要なのかもしれないと思いました。（文科三類一年）

●周りからの目を気にするとか、周りの人からいい子／えらい子に見られたいとか、の気持ちが大きな影響を与えているということを聞いてとても親近感（?）を感じた。実際に今私は、自分が人生でやりたいことも明確にわかっていないが、ただなんとなく勉強をして、みんなにすごいと言われる東大に入って、なんとなく生活している。今までずっと、なんとなく一般的に良いとされることをして生きてきたのだなと改めて気付いた。もし今「東大生である」事実がなくなったとしたら、どうなってしまうのかと考えると、とても怖い。そして逆に、そういう気持ちを抱えている人と出会った時に、どう接すればいいかがわからない。（文科一類一年）

●摂食障害が「よい子病」と聞いて、東大生に非常に関係するトピックだと思った。僕の小学校の時の担任も摂食障害だと言っていた。なぜそんなことを十歳にもならない子供に言ったのだろうと思う。子供たちが摂食障害になった時寄り添えるようにかもしれないし、先生自身が悩んでいたのかもしれない。（文科二類一年）

●私にも、周りの人と自分を比べて才能のなさに絶望することや、親が頑張っているんだからとか、いろいろなストレスがあります。特に受験期などは周囲からの期待が重圧となって何度も逃げ出したくなりました。私は、そんなもやもやとした感情を吐き出す方法を知らず、結局一年間自分をごまかしながら過ごしました。だから、現実からの逃避のツールとして依存に走りたいという感情は割と理解はできます。ただ、依存に走ったら負けだというプライドがあり、依存症の人のあり方を否定しがちであると自覚しています。私も彼らとそう変わらず、今までの自分は何をもってして上から目線で彼らを見ていたんだろうと思い始めました。（文科一類一年）

●お二人の話し方によるところも大きいのでしょうが、正直、お二人には闇を感じました。私は、小学校六年生の時に拒食症のような状態になりました。今は全然普通で、炭水化物もタンパク質もお菓子も大好きで食べるのですが、あのころは闇だったなーと思いますし、今も正直、闇を持っているように感じる瞬間もあります。摂食障害の人が全員そうだという気は全くありませんが、依存症とかになると闇を持ってしまうのかと思ったりしました。（文科三類一年）

●障害または病気の当事者の方と健常者としての自分との境界線が次第に曖昧になっていくのを感じます（特に今回の講義はそうでした）。今は名のある大学に入り、勉強もサークル活動もある程度うまくやることができ、自分というものが社会的な評価の視線で満たされ、自分の存在を肯定的に捉えられているため、自分が常々持っている他人に対する引け目や現実に対する不条理感がかき消されているような気がしますが、もし何かの拍子にこの支えを失ったりすると、自分もこのような状態になりかねないと深く感じました。（文科二類一年）

彼らは「対岸の火事」か？

薬物やギャンブルへの依存が、「自己責任」「意志が弱い」「好きが高じたんだろう」と捉えられやすいことと比較すると、摂食障害は病的に思われやすい。「障害」とはっきりと銘打たれていることにも表れている。過食や拒食が楽しいだろうとは到底思えないからであろうか。あるいは「〝普通〟に食べる」ことを皆日頃やってきているから、その〝普通じゃなさ〟をよりリアルに感じるからであろうか。私自身、「依存と自立」というテーマの中になぜ摂食障害が入っているのだろう、と思った。

摂食障害にしても、薬物依存にしても、ギャンブル依存にしても、その表れ方がそれぞれ異なるだけで、根元は一緒であるように思われる。何か早急に埋めなければ自分を保てなくなってしまうような穴や、長い間放置されてきた傷跡を、たまたま出会った刺激的な物質や行為が打ち消してくれる、という構造は共通しているのではないか。

私たちは摂食障害を〝気持ち悪い〟と思ったり、薬物依存症を〝怖い〟と思ったり、ギャンブル依存症を〝意思が弱い〟と思ったりする。リアクションペーパーの「依存に走ったら負け」というフレーズは印象的で、そして私を含め多くの人が心のどこかで抱いている感情ではないかと思う。

しかし、彼らはそんなに私たちから遠く離れた存在なのだろうか。誰だって、心に穴が多少なりとも空いた経験は有しているはずだ。自分たちを〝普通〟だと思っていられるのは、たまたまマジョリティの穴の埋め方を誰かから学びとり、それが成功したからに過ぎないのではないか。私は、（自分自身が依存症への共感が強すぎるせいか）「依存症の人の気持ちはわからない」と言う人に、むしろどこか危うさを感じてしまう。穿《うが》った見方なのかもしれないが、その人こそ、自分が依存症と連続性を持っていることを強く感じ取っており、それ故に「自分は違うんだ」と自己暗示をかけているように思えてしまうのだ。

人は誰しも他人に頼って生きていかなければならない。誰かに頼るということは、これまた穿った見方をすれば誰かに弱さを見せることであり、借りを作るということである。能力値に恵まれた人の多い東大の中には、弱さや隙を見せたがらない人は多いようにも感じられる。そして、やはり真面目で努力家な人も大勢いる。

講義に同席していた熊谷晋一郎先生は、「自立とは依存しないことではなく、依存先を増やすこと」であると語った。現状の社会的な目線として対岸に位置するようにも考えられる「東大生」と「依存症の人」は、実はとても近くにいるのではないだろうか。（大島）

依存と自立から

他者

香川 幹

障害者のリアルに迫るゼミ。名前だけ聞くと、福祉に興味を持ち、「障害」に関わるきっかけを持つ人が集まる場所のようだ。だが、時々僕のような人がいる。このゼミに入るきっかけは、単位が足りなかったから。障害者の話を聞くだけで単位が来るんや、ちょろい、と僕は思っていた。だから僕は、障害について何も知らなかったし、知る気もなかった。

そんな奴が書く文章だが、お付き合い願いたい。自分とは関係ないと切り離していた人々の話に、僕は多くを共感し、本の一節を書くまでになったのだ。決して生きづらさが解決したわけではない。しかし、講演者によるお話、ゼミの受講生との話し合い、全部含めて心地良かった。なぜ心地良いのか、そこから考えてみたい。

普段僕は、心地良さから離れて生活しているのだろうか。もしそうだとすると、その原因の一つは、他人からの評価に付きまとわれている気がするからだろう。僕は、他人からの視線をすごく気にしてしまう。「これ、友達にはどう思われてしまうんだろう」、「これ、やめたほうがいいかな」など他人がどう思うかが僕の行動の基準なのだ。

別に普通じゃない？　と思われるかもしれないが、僕の中では、この程度が異常であり、他人に縛られてしか行動できない自分を強く感じ、嫌になる。他人のご機嫌取りばかりしている人を見ている気分なのだ。

自分で書くのも恥ずかしいが、初対面の人に与える第一印象はだいぶ良いだろうと思う。明るくて、部活熱心で、真面目、そんな印象を持ってくれる人が多いのではないだろうか。しかし、いざ真正面から付き合ってみると、そのイメージはだいぶ崩れていくと思う。本当はそんな理想的な人間ではないからだ。

高校のころは、学校をサボっていたり、大学でもいらないとなれば、授業、テストを平気でブッチ。普通のことかもしれないが、普段の僕からはギャップがあるらしい。「お前は謎、行動原理がわからない」と先輩に言われた。僕でも自分の行動原理は理解できないところがある。「他人からの評価を気にする自分」と、「何かトガりたい自分」。この二つがせめぎあっている。今までの僕は、「他人からの評価を気にする自分」に支配されてきた。「何かトガりたい自分」は、静かに押し殺されてきたのだ。

こんな「他人からの評価を気にしていた自分」に嫌気がさし、無意味だなと強く感じていたのが高校のころである。僕には、高校時代あまり学校に行かずサボっていた時期がある。この話をすると、友達や先輩に「まじか、意外だわ。香川って優等生タイプだと思ってた」と言われる。

高一の終わりから高二の中盤までだろうか。なぜサボっていたのかと言われれば、人との付き合いが面倒くさくなってしまった。人が僕のことをどう思っているのだろうと思うと、学校に行けなくなった。何で毎日学校に行かないといけないのか、別に僕がいなくたって何も変わらないし、と考えていた。

学校をサボって何をしていたかというと、散歩、引きこもり、ボランティアの三つをしていた。今でもよく覚えているのは散歩である。ひたすら散歩をしていた。学校とは反対方向の電車に乗り、終点についたら降りて歩く。もしくは、家からお金も何も持たず、基本的にまっすぐ進んでみようと一日中何も食べずにひたすら歩いていた。何をしていたんだろうか。

馬鹿らしいが、間違って線路に落ちてしまった人、車に轢かれそうになっている子供を探していたような気がする。「なんとか僕が、犠牲になれないだろうか」。こんなにいなくても変わらない人間でも、「人を救った」という名誉が欲しい、偽善者になって死にたい。本気でそう思っていた。

引きこもっていた時は、僕は誰とも話したくなかった。一人になりたかった。自分からは誰のことも気にしなくて済むし、相手がどう思っているかも知らないで済む。楽だった。誰とも話すこともなく、自分だけの世界に浸かれるのだ。全部自分の都合の良いように想像することができる。でも、実は誰かが無理やりその世界から引き出してくれることを期待していたと思う。当時は、そんな思いは殺して認めなかった。もし認めてしまったら、僕が学校をサボっている理由、僕が正しいと思っていたことが崩れてしまう。

最後はボランティアだが、そんなに頻繁にしていたわけではない。しかし、ボランティアはとても楽しかった。保育園でのお手伝いをしていて、そこで人に感謝されるのが嬉しかった。誰かの役に立つことができた、ありがとうと言われた。ありきたりかもしれないが、新鮮だった。学校をサボっているのに、ありがとうだ。

卒業はできるものなのかと思う方がいるかもしれないが、一応学校に行ってはいた。気が向いた時、もしくは先生に三者面談すると脅された時だけ学校に行くようにしていたが、基本的に遅刻か欠席だった。こんな高校生活、今思えば笑ってしまうが、当時はそうやって自分を保っていた。そうやって自分を守るのに必死だった。

「他人からの評価を気にしている自分」に嫌気がさし、他者と離れて、少しでもトガろうとしていたサボりのはずだった。しかし、僕が欲していたのは、結局は他者からの評価だったのではないかと思う。

マイナスの評価だと見なしがちな人の声からは離れて、僕のことをよく知らない人からのプラスの評価を必死に求める。自分がいなくても何も変わらないと思いグレたのに、何かを変えたいと思い、他人に何かを認めてもらい、自分がいて良かったと思って欲しくてしょうがないのだ。

結局、「他人からの評価を気にし、それに応えていた自分」に耐えきれなくなった僕は、新しい「他者からの評価を気にする、まだゼロの自分」に変わっただけなのだ。「他人が僕を構成している」、と思う。

学校をサボっていて、はっきりしたことがある。「自分がいてもいなくても変わらない」ということだ。元々わかっていたことだが、僕は引きこもりの時、少し誰かが気にかけてくれると思っていた。確かに最初は心配のＬＩＮＥが来たりしていたが、サボりが常習化するとそんな連絡も徐々に減っていく。人から隠れているのに、人から気にして欲しいと思うのはわがままだ。それならいっそ人にぶつかっていってやろうと思うようになった。

「自分が思っているよりも他人は僕のことを見ていない」。これがわかって少し寂しかったこともあるが、それ以上に僕が何かしない限りは決して僕を見てくれはしないなと思ったのだ。

こうして少しずつ不登校気味の生活から復帰し、学校に行くようになり、体育祭という熱くなれる行事を全力でやることで、かなり真面目に学校に行くようになった。「他者からの評価を気にする自分」が開き直ったというところだろうか。

こうして僕は高校を卒業し、大学に進学した。そして東大に入って、不登校はなくなったが、人からの評価には取り憑かれている。僕は、他人からの評価が高いほうへ高いほうへ、というふうに生きている。僕は常に良い環境を求めてきた。良い環境とは、他人から見て評価の高い場所のことだ。東大こそまさしくそんな場所だろう。

しかし、評価が高いところにいくら頑張って上りつめても、その上は必ず存在する。東大の中でも、優秀なクラスがあったり、大企業に勤めたりと。タチの悪いことに、この評価の階段を登ることはやりたいことをやっているように思えてしまう。より高い評価を求めるのに必死である。だから、日々やらなければならないことが山積みなため、それをこなすことが、「やりたいことをやっている充実した生活」のようなものに錯覚しがちである。

僕は人に、「みんなより今日を満足した自信がある、今日死んでもいいと思える」とよく言うのだが、他人からの評価が下がらなければ良し、評価が上がればなお良し、というふうに生きているのだから、やり残したことなどみんなより少なく感じるのだ。

僕は、こうやって常に良い環境だけを求めてきたため、やりたいことがない。強みがない。他人からの評価の階段を必死に登っているだけだ。他人からの評価にゴールがあるわけではない。登るたびに段が足されていく感じだろうか。

そして、今まで積み上げてきた評価の階段を守ることも忘れない。部活の先輩に言われてドキッとしたことがある。「周りに気を使っているみたいだけど、お前のは自分を守っているだけだからな」という言葉だ。他人からの評価を下げないため、他人から変なふうに思われないために気を使い、必死に「今まで評価されてきた自分」を守っているのだ。

ここまで評価評価と書き連ねてきたが、「でも東大じゃん」と思ってくださるかもしれない。確かに東大生なだけで他人からの評価は高いかもしれない。冒頭のところでも書いたが、僕には「他者からの評価を気にする自分」と「何かトガりたい自分」の二面性があるのだ。東大生であることは、他者からの評価を満たすかもしれないが、絶対に僕をトガらせてはくれない。東大であるが故に、他者からの評価を気にしない自分でありたい、評価なんてぶっ壊したいと思ってしまうのだ。しかし、この他人からの高い評価を手放すのは、だいぶ勇気がいる。汚いが、優越感に浸れるのは確かだし、楽である。

どうしたらトガれるのだろうか。僕にとってそれは圧倒的な強さを指す。人を寄せ付けない圧倒的な強さ、他人に何を言われても崩れない自信。僕が憧れる人は、それを持っている気がする。他の人から見れば違うかもしれないが、少なくとも僕にはそう見えてしまう。そんな強さを持つことができれば、他人なんか気にする必要はない。他人に怯える必要がない。

他人がどう思うかを考えて行動し、他人が高く評価したところに進む。そんな生きやすさを求めた生き方から抜け出したい。

しかし、このゼミでこの考えは少しずつ変わりつつある。このゼミはとても刺激的で、時に僕の感性を大きく揺さぶる。というのもゼミで講演してくださる当事者や支援者の方は、普段僕が接しない世界の言葉を次々と発していくからだ。虐待、薬物、自殺、そんなことが彼らの周りでは日常として起きている。

摂食障害の高橋さんがお話ししてくださった言葉で僕の心に突き刺さるものがある。「人間には二つの自尊心があって、自分はここにいてもいいんだという基本的自尊心が土台だとすれば、社会的自尊心とは成功経験を経て膨らむ風船のようなもの。一番まずいのは、土台が小さいのに風船が大きい人。自分に自信がないから必死に何者かになろうとする。でも、風船は風船。ちょっと針でつつけば割れてしまう」。僕は、間違いなくまずいタイプだ。しかも、高校の時に一度風船は割れてしまっている。それでもまだ僕は新しい風船を膨らまし続けている。

人によるかもしれないが、僕はこの他人依存の生き方が嫌なのだ。いい子ちゃん、みんなのイメージの中でしか行動できない、そしてイメージを守るので必死、こういう自分を変えたい。だから僕は、「他人を気にしない」そんな強さこそが、求めている答えだと思っていた。強さがあれば、何か自信になるものがあれば、自分は変われるのではないかと考えていた。

ゼミに参加したばかりのころ、ＡＬＳの岡部さんが講演される回があった。その回で僕たちは、「呼吸器をつけて生きるか、つけないまま人生を終えるか、の選択に迫られた時どうするか」という問いかけを受けた。

当時、僕の答えは一瞬で決まった。呼吸器をつけないで生活するという答えだ。僕は呼吸器をつけて生きることを「動けなくなってしまう」、「他人に力を借りなければならない」、「迷惑をかけ続けないといけない」と思ってしまうので、他人を必要としないことを理想とする自分からしたら当たり前の答えだろう。

しかし、岡部さんは言う、「生きる意味は人の解釈次第だ」と。生きているというのは、他人のために生きることも間違っていないが、存在するという事実があるだけなのだ。僕は、他人のために生きているというより、他人の評価ばかり気にして生きてきたわけだが、「他人が求める、イメージするいい子から抜け出せない僕」からすれば、当時はそのフレーズを自分と対立する考えだと思った。

他人の求める自分に応えることができなければ、僕は耐えられない。しかし、講演者は自分が考えもしない反対の意見を訴えかけてくる。自分の価値観と衝突する。こんなことがゼミで続いていく。他人の評価を求めることを真っ向から否定して強さを求めることを中断する時間が増えていくのだ。目指す先は「他人の評価を求める自分」でも「他人の評価を拒絶した自分」でもない。この変化は、僕が他人をどう評価しているかにも大きく関わってくる。他人からの評価をこんなに気にしてしまう僕だ、他人への評価もだいぶ偏っている。

障害者を避け、差別し、ほんの少しは見下してしまっている自分がいる。電車の中で知的障害者を見かけ、変な行動をしていると怖いと思い、避けてしまったり、他にも効率ばかり考え、障害者ではなく健常者を選択してしまう場面が多くあると思う。それなのに僕はこのゼミの運営に関わり、講演のお願いをしている。この二つが僕の中でごちゃごちゃしている。存在するべきではない悪の感情を、必死に消そうとしている。

ここでは、ゼミの同期に言われた言葉が響いている。「障害者を見て怖いと思ったり、避けてしまったりする。その負の感情が自分の中にあることと向き合って戦っていることとそれ自体を評価したい。形にしないこともひとまず意味があると思う」と彼は言った。なんか救われた気がした。他者からの評価を求める自分とトガりたい自分、優生思想に近い考えとそれに相反する感情、どれも持っていて普通なのかもしれないと思えた。これだけで僕は本当に救われた気がしたのだ。

このように、ゼミで僕の考えが揺さぶられるのは確かだが、「どのように生きていくのか」という問いに対して答えが出ているわけではない。それに自分を変えたいと思ってはいるが、今まで得た他人の評価の中に浸っているのが気持ち良くて、楽で、手放すことがどんどんできなくなってしまっている。今まで頑張って登った階段が高くて降りられないのだ。しかし、何か成長したわけではないにしても、他人の評価上げをしている自分を嫌になる機会は減った。

僕は、いろいろな感情や考えを持ってしまう。たとえそれが綺麗なものだとしても、汚いものだとしても。しかし、このたくさんの感情、考えを何も一つにする必要なんてないのだ。答えはきっとない。「ごちゃごちゃなままで受け入れる」、ゼミが教えてくれたことの一つだ。ゼミの時間がなんとなく心地良い、それはきっとこんなところから来るものだろう。

僕は、単位目当てでこのゼミを受講したわけだが、単位を取り終えた後もこのゼミの運営に関わり、今後もずっと関わっていたいなとまで思ってしまっている。

長々とここまで書いてきたが、やはり自分のことを書くのはすごく苦手である。というのも僕は、人の評価を気にしているくせに、行動し始めてしまうと、それをこなすことに夢中になってしまって、深く考えている余裕はない。だからこの文章は後付けのものに過ぎないと思うし、文章にした瞬間から嘘のような気もする。自分の行動を無理やり理屈付けただけな気がして、書いていて気持ち悪い。

顔も知らない他人にこれを見てもらってどうするんだと本気で思っていた。ただここまで書き終えた今、何より清々しい気分である。書き始めた時は嘘を書き連ねていると思っていたが、今は少し本当かもしれないと感じる。不思議！

自分

大島 真理佳

このゼミを受講して〝病んだ〟人というのは、わたしの他にいるのだろうか。

実家は新宿、両親は健在、姉は医学部。都内の私立中高一貫校出身。著名な進学校とは言えないところから、週五の部活を高三の九月まで続けたうえでの、史上初の東大文系現役合格。サークルも熱心にやっているし、それなりの点数をとって行きたい学部にも行けた。

そんなわたしは、二年生の秋学期にこのゼミと出会って、うつ病と不安障害の症状を抱えることになった。

以前からどこか、摂食障害はともかく依存症はわたしにとって他人事ではなかった。人生のどこかで薬物やギャンブルにハマって抜け出せなくなるような気がなぜかしていた。

そのもやもやとした予感の正体を教えてくれたのは、摂食障害の自助グループＮＡＢＡの講義だった。摂食障害は、真面目な人がなりやすい「よい子病」だという話。症状はポジティブなものである、という話。社会的自尊心と基本的自尊心の話。なんだこれ、めちゃくちゃわたしに当てはまるじゃないか、と。わたしは、ＮＡＢＡの回の質疑応答の時間に、一人の知り合いもいない教室の中で質問をした。

「自分も過食嘔吐ではないけれど、食欲の振れ幅がひどい。人としてお腹が減っているはずなのに、ご飯を前にすると食べる気が起きないし、逆にさっき食べたばっかりなのにすぐ何かを頬張りたくなって、でもその欲求にしたがって食べたところで飢えが満たされない。今は自分自身で、自分が何をしたいのか、何を好きなのかわからない。自分を大事にしてあげよう、と思っても、自分が何を喜ぶのかわからない。どうやったら、自分の好きなものを見つけられるのか」。

そこでもらったアドバイスは、鶴田さんから「この人だったら話せるな、という人に今みたいに表現してみることが第一歩」、高橋さんからは「絡まった状態を、ほどかなくていいから見てと言える人に言ってみること。好きなことを見つけるよりは、やりたくないことをやらないことのほうがわかりやすい、あまり自分を問い詰め過ぎない」。

講義を受けた後、わたしは二人に言われた通りに、おそるおそるながら数名の友人には「こういう状態です」と打ち明け、また、「今まで殺してきた自分」と向き合おうと思った。そうすると、「今まで殺して来た自分」は元気になったのか、食欲以外にも眠れないとか、何も悲しくないのに涙が出るとか、呼吸するのに必死とか、活字がろくに読めないとか、いろんなものが噴き出して来たのだった。もしかしたらこれは、摂食障害というよりはうつ病かも、と思って精神科を予約した矢先、アルコールへの不安障害が明確に表れた。

そもそもアルコールに強いほうではなく、公の場でやらかしたこともあった。しかし、全く飲めないわけでもなかった。はじめは、友人宅で飲んだほんの薄いお酒で体調が悪くなり、忘年会でノンアルコールを一口含んで貧血のようになり、次は、他人のグラスにお酒が注がれるのを見て内心震えていた。そしてとうとう、お酒を飲まなくてもその場に同席することすらできなくなった。不安が不安を呼び、外での食事が怖くなり、家で何かを食べるのも怖くなり、そして外出そのものが怖くなった。意識するとそこかしこにあるお酒の広告で、大勢の人の前で体調が悪くなってしまうんじゃないかと怖かった。ＳＮＳに流れてくる綺麗なカクテルの写真を見ただけで心臓が跳ねた。

ようやく精神科につながって、その後はカウンセリングを受けつつ薬を飲みつつなんとか日々をやり過ごした（飲み会もどうしても行きたかったので、精神安定剤を飲んで出席していた、笑）。

どれだけ休んでも赤から戻らないなと思っていたＨＰ（ヒットポイント・ゲーム上で体力や生命力を表す数値）バーが、黄色とか緑になったと感じられたのは、三カ月ほど後のことだった。

依存症とは、依存しすぎる病であり、そして他に依存できない病だという。

わたしは、「自分依存症」なのだと思う。

人に何かをお願いすること、人の頼みを断ることがひどく苦手である。だから、人に何かイライラしたり怒りたくなったりした時は、自分を殺してきた。例えば、他人が頼んだ仕事をやらなかった時、「自分がその人にもっとちゃんと言っていれば」とか思って、「その人がやらなかったのは自分の責任だ、自分が代わりに仕事しよう」と、自分の手元に回収していく。「なんでやってくれないんだよ！」そんな言葉は、自分へのやるせなさへと変換する、怒りを涙に変えていく。

意外となんでも簡単に論理展開できる、他人のやったことを全部自分のせいにするのは。誰かを責めるのは疲れる、人と摩擦するのは疲れる。それなら、自分でやってしまったほうがずっと楽だと思っていた。それに、そうやって経験を積むこと、自分のダメだったところを修正していくことは、自分のスキルアップにもつながる、一石二鳥だ。そうして、自分の力に頼りすぎる「自分に依存するわたし」が生まれていく。

自分に頼るというのは裏を返せば他人に頼れないということである。しかしそれは、自分が他人より優秀だとか、他人が自分よりも能力が低いとか思っているわけではない。東大に入って、ようやく「自分は相対的に頭がいいらしい」という実感を得たのであって、「人よりもなんだかスタミナがあるらしい」「ストイックでいれるらしい」という程度の認識だった。

むしろ自分には、大した才能がないと思っているからこそ、自分で自分を駆り立てて頑張らなくてはいけないと思うし、誰かを責めるよりも自分の落ち度が気になるし、自分にできることはなんでもしようと思うのだ。

まずは自分が精一杯努力しなければ、誰かに寄りかかることをしてはいけないと思う。「できない」ことと「(できるのに) しない」ことの区別は誰にとっても難しいはずだ。

しかし、その区別はあらゆる場面で要求される。「(できるのに) しない」ことを人に頼るのは迷惑だと思った。わたしはそれを「怠惰」と名付けた。「自分を律しなければ」という論理で、また自分への依存が加速していく。自己肯定感が元々低いのに、それをわざわざ自分で下げて、でも結局自分しか頼るものがないから、圧をかけることになる。それのくり返しだ。理論で武装し、情動を抑えていると、いつかその重さに耐えられなくなるらしい。

もちろんそれが全くマイナスに働いたわけではない。高校時代はそのおかげで少なくとも部活も熱心にやれたし、東大に合格することだってできた。とはいえやはり適切なあり方ではなかったのだろう。

摂食障害の講義を受けてうつの症状が出てきたのは、そんな自分依存症のスパイラルを断ち切るためだったのかもしれない。動けなくなることで、今までわたしが「ポジティブにならなければ」と思って論理でフタをしてきた、「疲れた」「もうやだ」「寝たい」「お前が悪いんだ」とか、そういうものが、「もう無理だよ」と叫んでいるような気がする。『症状はポジティブなもの』なのだ。

さらには、不安障害もまた、うつに対するライバルになっている。うつの空虚さは、死への想い、あるいは生への恐怖を伴ってわたしの頭に広がる。だけど、恐怖症の症状が出ている時、わたしの頭の中は目の前の現実に対する不安でいっぱいになる。そうすると、虚しさからは気をそらせる。逆に症状が落ち着いてくると、虚しさがどっと押し寄せる。

何かを恐れるということは、自分を守りたいということだ。恐怖症が出ているということは、生に投げやりになっている外側の自分に対して、「わたしは生きたいと思っている」ということを内側の自分が叫んでいるということなのだと思う。

では、なんでわたしがこんなことに？　これが、何もないのだ、劇的なものが。一年虐待家庭で育ったとか、先天性の病気があるとか、そういうストーリーがない。冒頭に書いた経歴を読み返して自分で「めちゃめちゃイヤなやつだな！」と思ってしまったくらい、自分は恵まれすぎた環境で育ってきた。

わたしは「障害があってかわいそうだ」じゃなくて、むしろずっと障害を持つ人が羨ましかった。障害を持っているということは、何者かになれるということだと、そんなふうに思っていたし、今もそこから脱せていない。

障害を抱える受講生が、同じく障害をもつゲスト講師と仲良さげに挨拶をかわしたり、悩みを打ち明けたりする。どこかそこには、特別なつながりが見える。見てわかる障害であればなおさら、身体がパスポートであるような気がする。本当はわたしにだって同じことをする資格があるのに、わたしはそれをするのにたくさんの勇気を必要とする。

その障害という特別なアイデンティティのおかげで、多くの人とつながることができる。あるいは、障害があれば、メディアに取材されたり、発言に重みがあるように感じられたりする。わかっている。それは、障害があるからではなくて、彼らの人柄によるところのものなのだと。人を引き寄せているのは、障害ではなくて、障害を持っている彼ら自身なのだ。

障害をある種の傷のように捉えている自分が嫌にもなるが、おそらくはその傷がなんらかの仕方で〝乗り越え〟られるというところまで含めてが、わたしの憧れるストーリーなのだろう。なんらかのマイノリティ性を有しているがために、多くの場合はそれとの付き合い方を考えなければいけない。その中で人としての厚みみたいなものが醸成される。その人の哲学を生む必要性がある。その哲学が人を惹きつける。

今までの生き方に無理があったのだ、と言っても、頑張ることに依存してきたわたしは、自分自身が頑張りすぎているとは思えなかった。社会的自尊心を高めるようなことをいくら頑張っても、「ここにいていいという感覚」、基本的自尊心は満たされない。わたしは自分自身のことをとても薄っぺらな人間だと感じる。苦労をしていない人間というか、ワケなし人間だと思う。それはくり返してきた自己否定のスパイラルの中でさらに強化されてきた。

わたしも傷が欲しかった。人にも見える傷が。かわいそうだと言ってもらいたかったのかも。手当てしてもらいたかったのかも。もう無理するなと言ってもらいたかったのかも。でも、そういう言葉は、わたしにとっては全部「怠惰」と「甘え」だ。かわいそう？　そんなに恵まれていて何を言う。手当てしてもらいたい？　傷なんてどこにもないじゃないか。もう無理するな？　何も頑張っていないじゃないか、お前は悩んでいる自分に酔っているだけだ、悩んでいいないで、考えろ、仕事をしろ……。

特に〝恵まれた〟環境で育った人が生きるとか死ぬとか、そういう抽象的なことで悩むのは贅沢だ、と言われる。具体的で現実にコミットした何かについて悩むか、悩むに足る〝正当な事由〟があるか、あるいは他人を気にせず我関せずと突き進み、哲学者になるしかない。

みんな、若いころにはよくある悩みだ、大学生はそういう気分になりがち、そう言って笑う。わたしが自殺未遂をして保護されでもしたら、あるいは本当に死んでしまったらどう思うのだろうな、と考える。壊れてからじゃないと相手にしてもらえない。医療資源も限られている。

中途半端な困難は、言語化のコストが高い困難であり、言語化のコストが高い困難は、人の共感や同情を得づらい。「構ってちゃん」「病んでるアピールするイタいやつ」になり、遠ざけられる。そして、どこまでも自分の独りよがりの困難なのではないかと、自分はただ頑張りたくなくて傷ついていたいだけなのではないかと疑い、信じ続けることになる。言語化できない困難は、存在しない困難になる。あってはならない、感じてはならない困難になる。

見えない傷は、ない傷であり、痛みは幻になってしまう。それは他人に対しても、自分に対してもだ。今ではアルコール不安を懐かしく思う。あれはまさしく〝病的〟だった。目に見える傷だった。戻りたいとは思わないが、手放すのを惜しいと感じていたことは間違いない。

うつと不安の症状を得てしばらく、「やりたくないことは、やらなければいけないこと、家事とかであってもやらない、やりたいことが見つかったらやる」をモットーになんとか日々を生きていた。少しずつ、ようやく、楽しいものを楽しいと思えるようになった。

そんな時に、「本当のうつの人ってあんたみたいな感じじゃない。心の持ちようの問題で解決できる、お前は考えすぎなんだ。大学生にはよくあることだ」と言われた。「病気か病気じゃないか、障害か障害じゃないかなんて、社会のきまりでしかない。その人が主観的に苦しんでいるという事実だけで、十分その人は休むに足る」。不思議なことに、他の人には、素直にそう思えても、自分にはそれができない。

本当はうつなんかじゃないのかもしれない、ただの怠惰かもしれない。自分が一番そう疑っている。自分が休むのに足るほど、頑張らなくても後ろ指を指されないほど、傷ついているのだという自信がない。だから、人にも見える傷、症状に焦がれる。精神科に行かざるを得なかったとか、アルコールが怖いとか、そういう実際の行動から逆算して「自分は苦しむ資格があるのだ」とやっと思える。「(できるのに)しない」と「できない」の線引きがはっきり見えるようになり、安心する。

年度が変わってからは、このゼミの運営に携わっている。その中でいろいろな知識を得たり言葉を仕入れたりしながら、「自分の傷は本当にあるのか、なぜついたのか」を探し続けている。答えはなかなか見つからずにいる。

わたしの苦労には、「実存の苦労」「病気の苦労」「現実の苦労」という三階層があるらしい。「実存の苦労」の中で崖まで来ると、その崖から飛び降りるかどうするか迷っているうちに、「病気の苦労」が始まる。つまり、〝症状が自分を助けているという状態〟を、自分も何度か経験してきた。そして、何度かそれを経験する中で「病気の苦労」に戻らなくても崖から引き返す方法もいくつか身に付いてきた。けれど、そんなことをしながらも、どこかで「なぜ崖から引き返す必要があるの？」と思う自分は消えない。

基本的自尊心が欠如しているからなのか、わたしは生きるというそれだけの自分に意味を見い出すことができない。あれがしたい、これがしたいがあって生きるならわかるけど、それがなくなった時に、わざわざそういう「生きる目的」を探したり、生きることそのものに意味とか価値とかをわざわざ用意したりするのはなぜなのだろう。なぜ生き抜くのか、なぜ生きることが至上なのか。

その後、鶴田さんに個人的に連絡を取る機会があり、「あの講義の後、前も後ろも向けないのだ」と言ったら、「その場でしゃがみこめばいい」と言ってくれた。「あなたにとっての回復って何でしょうね？」と訊かれた。それからずっと考えているが、わたしは未だに答えを持たない。わたしはどこに行きたい、どうなりたいという希望がない。生きたいという気持ちすら、「自分の中身はどうやらそう思ってるっぽい」なんて、他人の気持ちみたいに感じている。

健全でいられるとは、「現実の苦労」にとどまれるということだと思う。それは生きていること、生きていくことは大前提として、「なんとなく生きる」ができるということでもある。「なんとなく」というと揶揄されているように感じられるかもしれないが、そういう意図は決してない。自分もそちら側に行かねばと思っている。少なくとも、大学を卒業してからも生きていくのであれば現実問題として稼がねばならない。

周りの人々は、多くがエリートらしく〝現実の苦労の中〟にいるように見える。わたしが「呼吸するのが精一杯！」と言っている間に、彼らは就活とか留学とかをしている。その様子を見て、焦って、自分も立って走らなきゃ、と思って、でも体力がなくてへたりこむことを何度もくり返す。

それでもわたしは、何度でも、「実存の苦労」の前も後ろもない地下に潜ってくるのだろう。しゃがみこんで、周りよりも少しゆっくりと呼吸をする。そんな自分の姿を、完全には肯定しきれないままでも。

罪を背負って

山南達也

あまりに突然の訃報だった。お互いの好きな本について夜通し語りあったこと、一緒にサークルの運営に奮闘したこと、旅行に出かけたこと。僕の大学生活は、彼なしには語り得ない。かけがえのない親友との、幾つもの美しい思い出が蘇ってくる。でも、それはもう過去の話だ。N君が亡くなった。

享年十九歳、事故で短すぎる生涯を閉じた。訃報を知った夜、残酷な現実を前に、僕はずっと泣き続けた。今後も更新されていくはずだった思い出を抱きしめながら、ただ泣くことしかできなかった。

大学二年の秋学期は、そんな呆然とした思いの中で始まった。シラバスをめくり、目についたのは「障害者のリアルに迫る」という文字列。

親しみを感じた。親しみがあるどころか、実は一年生の夏学期に僕は一度このゼミを受講していたのだ。毎週現れるゲストの壮絶な人生経験にひたすら圧倒され続けた記憶が思い出された。今の自分の喪失感を埋めてくれるものは、彼らがその人生全体の重みを載せて発する言葉の中にしかない。当事者の語りが持つ力を信じて、懐かしい教室の中に足を踏み入れた。

「依存と自立」というテーマ。ギャンブル依存や摂食障害の当事者の話を、最初はどこか自分とは縁遠いものとして聞いていた。しかし、脳性麻痺の熊谷晋一郎先生が語った「自立とは、依存先を多くの対象に分散させること」という逆説的な言葉を起点に、立ち位置は急転する。友人関係において僕は、生前のN君に、そしてN君だけに「依存」していたと気付いたのだ。無難な会話ができる知人は幾らかいる一方で、深いつながりの実感を持てる親友の数はわずかだ。気軽に相手の家を訪ねられるような関係性は、大学でN君との他には築けなかった。

N君を失って以来、僕の心にはぽっかりと穴が空いたままだ。知人と過ごす時間の凡庸さは、逆にN君の不在の実感を際立たせた。悲しみに寄り添ってくれる親友を失う悲しみは、二重の喪失を意味した。薬物やギャンブルが生む快楽は、まさにこの心の穴にこそ入り込む。自分もいつか依存症に陥るのではないかと怖くなった。よい子ほど危険だという話を聞いて恐怖は加速した。安全な依存先を持ちたい、何でも話せる気の置けない友達が欲しい、そう切に願った。ダルクなどの薬物依存回復施設では、当事者研究という実践が盛んに行われる。「医療の最も敗北した障害」とされる依存症の当事者は、専門家から一方的に治療を受けるのではなく、抱える困りごとに自ら向き合ってこそ回復へと近づく。苦労のパターンやプロセスを知り、依存物質に頼らない自分助けの手段を獲得するためのこの実践を、回復ではなくむしろ予防の目的で、僕も試みることにした。それは他ならず、自身の成育環境を見つめ直す営みでもあった。

大学一年次にもリアルゼミを一度履修したと先述したが、僕は他にも、障害者との交流活動を行うサークルの副代表を担ったり、有償ボランティアとして肢体不自由者の生活介助を二年間続けたり、発達障害の早期発見に資する問診表の普及活動に取り組んだり、障害福祉の分野で精力的に動いてきた。僕に二人いる姉のうち、上の姉が障害者であることがその理由だ。

彼女は身体障害や発達障害を抱えている。身体的な障害は生後半年で診断されたが、発達障害のほうは、その軽度さと捉えにくさ、身体障害への注意の集中、発達障害に対して無理解な時代状況、などが発見を大幅に遅らせた。そのため特性に合った支援を受けられず、知性と社会性の乏しさ故に同級生からの深刻ないじめの被害に遭い続け、二次的に不安障害をも発症した。

僕が小学生だった時分は、その姉とは仲が良かった。一緒にテレビゲームや会話を楽しんでいた記憶が思い出される。おそらく当時は、八歳も離れた姉と僕との精神的な幼さが近い水準にあったのだろう。だが、中学受験を終えて地元関西で最難関と言われる進学校に入学したあたりから、状況は変化を見せる。段々と姉のことを嫌いになっていくのだ。

当時の僕は、本当に成績優秀だったと思う。特に算数や数学についてはその進学校内でも指折りの成績で、数千人が受験する全国のコンクールでは二年連続で五位以内を収めた。親や教師は、優等生の僕を褒めてくれる。しかし、業績や賞賛や信頼を獲得すればするほどに、姉との著しい差異がどうしても目に付く。高校に入学するも環境に馴染めず早々に中退し、家にいても親の手伝いさえ果たせない彼女は一体なんなのか。障害について子供心に理解しつつも思う。数学ができた僕は一方で国語を不得意とした。知はあったが情はなかったとも換言できる。姉を含めた他者の心情の把握や、道徳的に適切な言動の表出が、自分には難しかったのだ。

今となっては思う、姉は自身の存在価値のなさに苦しんでいたのだろう。彼女から見てきょうだい（障害者の兄弟姉妹を平仮名でこう表記する）二人は成績も良く、親からの信頼も厚い一方で、自分は賢くなく、家事もできず、一家のお荷物状態になっている。そうした孤立的状況が生むストレスは、不安障害と結び付き、パニック症状として現れた。「どうせ私なんてこの家にはいらないんでしょ！」悲鳴と怒号が混ざったような彼女の叫びは、夜中まで延々と続くことが度々であった。姉のストレスは、パニック発作を通じて家族にも強烈なストレスを与えた。だから僕は「よい子」になろうと努めた。問題を起こさず、時には道化を演じて楽しませることで、親のストレスを軽減させようとした。反抗期に陥りがちな一般の中学生とは対照的である。よい子を貫くために勉強にはますます力を入れ、定期試験で学年一位を何度も獲得した。意識下では、ハンディのある姉との差異を強調したかったのかもしれない。八歳も離れた姉弟は、普通は年長者のほうが様々な面で優れているものだろう。しかし、僕たちはそれが、知性、家族への貢献度など、あらゆる観点で逆転していた。だから僕は余計に親から大事にされた。

親との連帯感を深めることは、家庭にしか居場所のない姉をますます孤立に陥れる。すると姉はまた興奮してパニックを起こす。そんな姉に対して僕はどう振る舞ったか？ 無視した。冷静な顔を装って自分の部屋に逃げ込み、平和の再来をじっと待った。同時に、よく想像を繰り広げた。「もし姉の障害がもっと重かったら？」同級生や家族から向けられる視線に意味を見出さなければ、パニックにも陥らずに済んだのだろうか。どうしようもなく「かわいそう」な障害者であれば、僕もとびきり優しく接してあげられたのではないか……。重い障害は別の苦労を生むことを当然認識しつつも、家族も全く同じことを考えていたそうだ。反実仮想は大抵都合の良いものだ。でも人間は絶望の夜と霧の中で、そんな都合の良さにこそ救いを求める。

被害と加害の間で葛藤を重ねながらも、僕の無視は次第に、姉が安静な状況下でも発動されていった。精神的に幼い姉は、よく幼児的な言葉を発して人に甘えたがる。だが、僕と僕の愛する親に散々迷惑をかけてきた姉に対して、仲良く接することはどうしてもできない。僕は大人になれなかった。姉を避けるために、甘えとパニックの被害から逃れるために、無言の怒りを込めて、徹底的に無視を貫いた。それが姉の孤立を一気に深めた。悪循環、ここに極まれり。

バランス理論という社会心理学の理論に基づけば、三者からなる対人関係が全体として均衡的で安定した状態となるのは、存在する三組の二者関係のうち、それら全てが良好か、あるいはただ一組が良好で残りが悪いか、の二つのパターンに分類できるらしい。この三者を僕・親・姉とすれば、自分の家族は僕―親の関係のみが良好なパターンだったと言える。ではこの理論は、僕―姉、親―姉の関係の不和を正当化するものだろうか？　いや、違うだろう。

僕が姉に（せめて表面上だけでも）仲良く振る舞えていれば、良好な関係は二組に増えて全体の関係は不均衡になる。均衡＝安定な状態になるには、親―姉の関係も良好に向かう選択肢しかない。「無視＝何もしないという加害行為」によって僕―姉の関係を不可逆的に悪化させた自分こそが、親と姉の関係をも悪くして姉を孤独にし、パニック症状を強めた張本人なのだ。

　両親にとっては、三人の子供を育てる大変さに、障害のある娘を療育する苦労、くり返されるパニックへの絶望、ストレスを抱えたきょうだいたちの姿を見るつらさが加わる。親としてそれらすべてに責任を感じつつも、弱音を吐かずに子育てをやり遂げた気丈な二人には本当に頭が上がらない。僕は中高六年間を通して、そんな両親に、特に母親に依存していき、母もまた僕を必要とするようになった。まさしく共依存だ。母を少しでも支えようと「よい子」になることは、僕の生きがいの一つであったとさえ言える。でも、自分は家族を見捨ててしまった。東大に入学して地元を離れる日、僕も母も「依存先」を失う寂しさのために、ずっと泣いていた。


　当事者研究には、問題と人との切り離し作業が必要とされる。上京し、物理的に姉と離れて、僕ははじめて家庭の問題を客観視できるようになった。すると、被害者だと思っていた自分が、実は無言で佇む加害者であったと気付き、自責の念に襲われた。自分には「贖罪」が必要だ。

　障害福祉関連の活動への傾倒は、この気付きが原点である。あれだけ得意だった数学を捨て、また学業成績という価値基準からも、その重視こそが姉への軽蔑に帰結したと考えて距離を置いた。代わりに読書と心理学の世界に没入した。数学から国語へ、知から情へ。自己を醜悪な過去から断絶させた。過去を遮断する意志の強さこそが依存症を誘発する、なんて当時はつゆ知らずに。依存体質のある自分は結局、ますます障害福祉の世界にのめり込んでいった。

友達ができない要因も研究の末にわかった。無邪気に振る舞うべき場でも、強固に染み着いた「よい子」像から逃れられない。親の顔色を伺い、その承認を得るために話す内容を巧妙に制御し続けた習慣から、友達を前にしてもその理性は働き続け、自分に烙印を押され得る事柄については徹底的に言及を避けてしまう。だから姉について口外できず、障害福祉に関しても、つまり自らの課外活動や興味をも話題にできない。また、加害者としての自己への猛烈な嫌悪感から、目の前の人間を傷つける可能性を極端に恐れて、事物を乱暴に分節する言葉を通して明確に意見を発信することも、逆に相手の私的な事情を掘り下げて尋ねることもできない。

自らの感情・経験・言葉とのつながりを失った僕は、他者とのつながりの契機をも失い、場には身体だけが取り残された。諦観という長年培われた特技を生かして、その疎外をやり過ごした。僕が比較的気楽に話せるのは、全幅の信頼を置ける相手の前でだけであり、そこには自分と共依存関係に陥った人々、具体的にはN君や母親が該当する。そのため実家の母との週二回の通話は、今なお良い依存先として機能している。「自立」への遠大な距離を自覚しつつも。

障害は当人の皮膚の外側（社会の側）に宿るとする「社会モデル」の発想は、当事者にとっては救いになる。自閉スペクトラム症の綾屋紗月さんは「コミュニケーション障害とは、人と人との間に生じる現象であって、一個人に帰責されるものではない」とゼミで話されたが、他者との会話が苦手な僕は、その免責性に幾度も慰められてきた。一方で社会モデルの発想は、非当事者に対しては暴力的にも作用し得る。家庭の機能不全の原因である「障害」は、姉の皮膚を抜け出し、彼女と良好な関係を築く能力のない僕の皮膚の内側へと自然に入り込む。それは記憶の中で「生きづらさ」に形を変え、居座り続ける。「障害」は個人の実存の中にも宿るとする、全盲ろうの東大教授・福島智先生が提唱する「実存モデル」の考えに回収されていく。関係や社会といった茫漠たる対象には「障害」を帰属できない。曖昧な概念の中に原因を追及する無責任さによってこそ、罪は輪をかけて重くなるからだ。でも僕は一方で、どこかで罪を欲している気もする。不条理な現実に対するやり場のない思いは、罪を背負えば自分への刃に変換できる。意味のない悲しみの中から自らを救い出せる。罪悪感も、自分助けの手段だ。

「障害者のリアルに迫る」というゼミの名称を、あまり好きになれずにいる。実家のほうが、ずっとリアルだった。公衆距離を隔てて障害者を学術的に対象化できるこのゼミは、僕にとってむしろ安全で気楽な場である。ここでは密室的・長期的な関わりの中で互いを傷つけ合うこともない。しかも登壇するゲストは、語りで聴衆を魅了できる、マイノリティの中でも「勝ち残った」一握りの人たちだけだ。姉は彼らと対極の位置にいるが、そんな本物の弱者は登壇できない。華々しさの背後には、数多の声なき当事者のリアルが潜む。人間を価値の概念から切り離してこそ優生思想に抗えるのに、価値の授受を目的の本質とする講義という形式の中で、障害の重さや体験の壮絶さが語りの強度を通じて価値へと直結する、倒錯的な空間が誕生する。

何度ゼミに足を運んでも、僕はゲストの語りに心から共感することができなかった。家族や介助者という隣人としての経験の蓄積が、障害者本人との一体化を阻んだという理由もあるが、本質はもっと別のところにあった。それは、障害受容ができているか否か、という問題だ。

ＡＬＳの岡部宏生さんは、押せば自分の障害がなくなるボタンが目の前に現れたとしても、それを押さないと断言する。医療ケアを必要とする重症心身障害児の母親は「毎日がキラキラしている」と語る。彼らにとって、自分あるいは身近な人の障害は、もはや個性の一部だ。一方で僕や姉や両親にとって、障害は未だに、平和な人生に訪れた故障でしかない。彼らを羨望の目で見つめながら、苦悩を仮託できる先達の不在に頭を悩ませる。傷を一人で抱え込む。類比ではなく対比を通してしか自らを構成し得ない事実に、改めてつながれなさを自覚する。

きょうだいは、当事者になれない当事者だ。「最も身近な他人」として障害者のいる世界に放り込まれた、受け身の存在。才能や健康や親に恵まれすぎた自分には、人とのつながりの起点となるような純度の高い弱さがない。こういった立場の中途半端さこそ、きょうだいの苦しみが社会的な注目を浴びない所以だろうし、関心を持たれないが故に、僕には曖昧な生きづらさを訴える資格がない。認知されないマイノリティとしての悲哀を、今日も僕は味わい続ける。

そうした自分の姿を、こんな風にも想像する。高い尊厳の山の上で、理性の檻に閉じこもり、加害者としての記憶に心を痛ませ続ける。その慢性疼痛＝実存の苦労から目を背けるために、いや直視するためにこそ、呆れるほどに障害福祉の活動に身を捧げ、自分の体を現実の苦労の矢であちこち刺し続ける。黙って痛みと孤独に苦しむ滑稽な姿。そんな山や檻は、勝手に自分で設えた仮想的なものに過ぎないのに。大声を上げさえすれば、誰かは助けに来てくれるのに。

だから僕はこの文章を書いた。今まで檻の前を通り過ぎていった多くの人たちに、自分の苦しみに気付いてもらうために。話すことを理性が阻んでも、書くことはむしろ理性の最大級の活用である。同性愛を公言しているゲストの東小雪さんは、「私に勇気があるのだとしたら、それは外に知らせる勇気ではなく、素直になって私自身と向き合う勇気だ」と述べる。苦労と正面から対峙してこそ、弱さで人とつながれる。そうやって依存先を広げていくと、語りの治癒効果を通して、痛みの記憶も静かに落ち着き始めるのかもしれない。未来は常に過去を変え得る。

否定的な感情まで含めて、過去を笑顔で肯定できる日の到来を、遥か遠くに待ち望んで。

実家にいた間は、不条理な現実の巨塊にただ圧倒されて呑み込まれ、それを適切に分節して知的に消化する術を持たなかった。一方で今は、曖昧で失われゆく記憶との格闘の中で、体験の想起とその事後的な意味付けを強いられている。その点で僕の苦しみは言語化のコストが高いのだが、自己開示とその決断に伴うコストはもっと高い。堕罪と負傷の板挟みに陥るからだ。兄弟姉妹の構成を問われた際、人数を誤魔化した「姉がいます」という回答で、嘘はつかずに上の姉の存在を隠匿してきた回数は計り知れない。なんと罪作りな行いか。勝手に痛みを矮小化して認識されることで自らがさらに傷つくのを恐れ、他者からの中途半端な共感を避け続けてきたのだ。傷を人目に曝す行為は、そのすべてを受けとめてもらえてこそ意味がある。

言葉を通した理解は、究極的には近似的なものにしかなり得ないとしても、自分はその共感不可能性に、「なんとなく」で済ませる妥協や諦念に、抵抗したかった。言葉の力を信じて、傷を曝け出す文章を綴った。でも僕が傷を公開すると、秘密の暴露や糾弾を通して、必然的に家族に傷を負わせてしまう。この罪の再生産との不可分性こそが「きょうだい」の宿命だ。独善的な僕は、自らが切実に生き延びるために、今後も罪を犯し続けていく存在なのだろう。

でもだからこそ、僕は他者の抱える罪を赦せる人でありたい。お互いさま、と微笑しながら。

2章 失いながら生きるということ

失いながら生きるということ

野澤 和弘

就職活動の時期が近づいてくると、憂鬱な顔をする学生がいる。東京大学だけではない。「自分のやりたいことがわからない」と言う。希望する企業から内定をもらっても迷いは治まらない。本当にこの会社で良かったのか、自分はこの会社でやっていけるのかと不安になる。「内定ブルー」を経験する学生は意外に多い。実際、就職後から転職を考え、実際に会社を辞める人も少なくない。

しかし、本当に自分がやりたいことなんて、そんなに簡単にわかるわけがない。恵まれた環境で育ってきた学生は特にそうだと思う。

どこにでもいる普通の主婦として生きていたところ、生まれた子に障害があることがわかり、猛勉強をして司法試験の難関を突破、弁護士になった女性を二人知っている。一人はどうすれば自閉症を治せるのかを聞きにロンドンに留学中の日本人児童精神科医を訪ねた。「自閉症という障害そのものを治すことはできない」と言われ、それでは社会を「治す（変える）」しかないと決意したのだという。

社会の中で生きていると、様々な理不尽をいや応なく経験する。心の底から怒りがこみ上げ、悔しさで眠れない夜を過ごしたりしながら、やりたいことがぼんやり見えてくるものなのだ。

生きるということは、何かを失っていくということである。失いながら大事なことを感じられるようになることだ。

ＡＬＳという神経難病は二～五年で全身の随意筋が動かなくなる。若年性認知症は日常の中で何かを忘れるということが多くなり、生きていく自信や希望をなくし、現実に仕事を失う人もいる。高次脳機能障害も記憶の喪失とともに周囲との不調和をくり返しながら、様々なものを失っていく。

しかし、ゼミの講師として話をしてくれたＡＬＳや若年性認知症や高次脳機能障害の当事者たちは絶望に苦しみ、我が身の不幸を嘆いたりはしない。むしろ、失うからこそ得られるものの大切さや切実さを感じさせてくれる人たちだった。

これまでのような「坂の上の雲」をめざして富や強さを獲得し続けてきた時代はもう終わろうとしている。人口減少と低成長の時代を生きていく若者たちは、これまでとは違う価値観を社会の中に見出すことを求められるようになるだろう。

4 岡部 宏生

車いすに横たわり虚空を見つめる、帽子をダンディに被った一人の男性。そこにいるのは、私たちと同じ人間のはずなのだけれど生気というものが全く感じられない。はじめて見るその姿には恐怖さえ感じてしまう。病名は、ＡＬＳ（筋萎縮性側索硬化症）。全身の筋力が奪われていく病で、岡部宏生さんの場合はもう全身ほとんどを動かせなくなるまでに進行している。

会話をする時は、わずかに動く目や唇の動きを頼りに介助の方が音を決めていく。ちょっとした挨拶や返答であっても、普通二秒三秒で終わるものを三十秒も。今回の講義にあたって作成した二十枚ほどのスライドの完成にも、四十時間かかったという。

何をするにも人の何倍もの時間をかける必要

ALS

があり、人の助けなしには決して生きていけない体だ。教室にいる学生は、自分がもしそうなったらと想像せずにはいられなかっただろう。ちょっとそこにいる友達を呼び止めることもできない。一人で電車に乗って自分の行きたい場所に行けない。恋だって思い通りにできなくなるだろう。生きていくのが嫌になることはないのだろうか。

　ふと、岡部さんの瞳を見つめる。真っ黒な瞳の中には、そこはかとない生の意志があふれ出ていた。きっとこの教室にいる誰よりも。

　この生への強い意志はどこから湧いてくるものなのだろう、私たちは考えることとなるのだった。果たして、どちらがちゃんと今を生きているのだろう、と……。

（田川）

第一の人生から、第二の人生へ

人間というものは、誰でもいずれ亡くなります。ですが、私のように人生の半ばで死に直面するような経験をする人は多くはありません。私の病気であるＡＬＳは、ひと口で言うと運動神経だけを選択的に侵し徐々に全身の随意筋が動かなくなり、個人差がありますが、三年から五年で呼吸もできなくなり、人工呼吸器をつけないと、生きていけないという病気です。

私からは、医学的な説明でなく患者としての思いを少しお伝えします。因みに私はこの病気を二〇〇六年に発症して、二〇〇九年に人工呼吸器をつけました。発病三年半で呼吸器をつけたので平均的な進行の患者です。

日々何かができなくなっていくこと、それは大変な恐怖です。できなくなったことに対処するために道具を使ったり何かを工夫したりして生活をしますが、それもまたすぐに使えなくなってしまいます。そんなことをくり返すのはとても苦痛を伴うものです。しかも、近い将来「死」が待っているのですから、その過酷さは想像を絶するのではないでしょうか。

ＡＬＳの過酷なところはこれだけではありません。呼吸器をつけて全身不随になって生きていくか、それとも呼吸器をつけずに死んでいくかを自分で選ばなければならないのです。七割の患者が、呼吸器をつけずに亡くなっていきます。

私の第一の人生は、高校は、馬術をやりたくて大学日本一の馬術部がある学校の付属高校を選びました。しかし、高校には馬術部がなかったので自分で同好会を作りました。大学に進学してからは馬漬けの四年間でした。私は馬に乗るより世話をするほうが得意でした。四年の時は学生馬術協会の幹事長として学生の大会を仕切っていました。その時の経験は自分の人との関わり方を決定したと思います。大した競技の成績は残せませんでしたが、かけがえのない友人を得たことと人間関係を学びました。

大学を卒業して建設会社に就職しました。その会社は、いわゆる大企業でした。そこで、営業、人事、秘書、企画という部署に所属して働きました。自他ともに認める仕事中毒でした。夜中まで働くのは当たり前と思っていました。営業時代に企画提案が好きだったことが認められ、会社の中に建築事業の企画を専門に実施する部門を作ってもらうことができました。

会社がバブル時代に深い傷を負い、銀行の管理下に置かれたことと相まって、会社の枠にとらわれずに自由な立場で事業の企画をしたくて、建築事業コンサルタントの会社を設立しました。独立して第二の人生が始まったと思ったのですが、これは一・二というくらいのものでしかなかったわけです。まさか、この先に本当の第二の人生が待っているとは思いませんでした。

独立して作った事務所の仕事は、周囲の支えと努力によって一年で黒字になり、もちろんつらい仕事もありましたが、とても充実したものでした。サラリーマン時代とは違って、自由に仕事をできることは本当に良い経験でした。企業に属している良さもあるのですが、独立してはじめて感じたこともたくさんありました。

いよいよ私の第二の人生の始まりです。ＡＬＳを発症して私の人生はガラリと変わりました。先ほど申し上げたように、人生の絶頂期での発病です。当然、自殺も頭をよぎりましたが、会社のことと家族のことを考えると、どうせ長くないのだから今できることに力を尽くそうと思ってとどまりました。発病して二年くらいは呼吸器をつけるつもりもなく、呼吸器をつけた患者さんに会っても、自分とは関係ないとても遠い存在でした。

その後迷うようになったきっかけは、この病気の過酷さがわかってきたと同時に、自分にできることをやりながらイキイキとして生活している先輩患者を見たことです。その人たちは、後から発病した人や現在発病している人たちのために力を尽くしているのです。こんなにひどい病気なのに、こんな人もいることを知ったのは、衝撃でした。自分もこんなふうに生きてみたいと思うようになったのが、迷いの第一歩でした。この気持ちを後押しするように患者会の委員に推薦され、ますます生きることについて考えるようになっていきました。結局、私は次の二点の理由により生きることを選択しました。【一、先輩患者のように、この病気に罹患した患者とその家族の役に立ちたい。二、このような先輩患者は、大変な努力をして生活をしているので、大した努力をしなくても生きていけることの道を作りたい】。

役に立つとか立たないとか

これは、私が月刊雑誌「ノーマライゼーション」（公益財団法人日本障害者リハビリテーション協会）に寄稿した三つの原稿です。

【障害者の生きる意味】（抜粋）

ＡＬＳを発病する前から思っていたことなのですが、発病してからさらに強く明確に思うようになったことがあります。それは、生きる意味とか意義とか生きる価値とかは、人の解釈の問題でしかないということです。そこに存在するという事実の前には、そんなことは小さなことだと思うのです。ＡＬＳを表現する言葉に「NO Cause NO Cure NO Hope（原因不明、治療なし、希望なし）」というものがあります。私は、発病したころには、悔しいけど、うまいこと言うなぁと思っていました。ですが、しばらく経つと原因不明と治療なしは事実であるが、希望なしは解釈の問題であって、ＡＬＳでも希望を持って暮らしている患者も決して少なくないことに気が付いたのです。まさに人の解釈で社会は動いていると言える側面もありますが、それと事実の違いについて、もう少し考える必要があるのではないでしょうか？　ＡＬＳの例だけでなくて、ことわざや名言と言われているものの中にも、たくさん事実と解釈が混じっています。例えば、自分に起こることや世の中に起こることには、必ず意味があるということをよく耳にしますが、では災害やテロにあった人はどんな意味があるのでしょうか？　それをきっかけにして、今後に生かすということは意味があることですが、そのことに遭遇して亡くなった人にとっては、意味などと言っていることはできません。

やまゆり園の事件を起こした容疑者も、その人なりの解釈で障害者を捉えていることに最も恐ろしさを感じます。作家開高健が言っています。「事実は一つ、解釈は無限」と。こんな当たり前のことを忘れて、生きる意味とか、生きる価値とかばかり言ったり考えたりすることによって、あたかも自分の考えが正しいものなのだ、と思わないようにしたいと願っています。私の考え、それは無限の中の一つに過ぎません。

【障害をめぐる内なる矛盾】（抜粋）

障害を持つということはどういう事なのか？　私はある日、小児病棟を訪ねた。たくさんの子供たちが私と同じような呼吸器をつけて、ベッドの上でその人生を送っていた。私は何人かの子供と話してその病棟を出た。「子供の呼吸器をつけた姿を見るのはつらいな」とつぶやいた時に、同行していたヘルパーさんから「そんなことはありません。あの子たちはそれぞれに輝いていいます。障害を持っているかは全く問題ではないのです」と言われた瞬間、私は自分の感性を恥じると同時に何か違和感も感じた。その違和感が何であるのか少し考えて気がついた。

このヘルパーさんだって、自分の子が生まれてくる時は五体満足で健康な我が子を祈るのである。では、先程の言葉は偽りなのだろうか？　そんなことは決してない。普通の人なら、至極自然な思いである。つまり障害を受け入れることと、障害でないことを願う気持ちの両方を持っていることが自然ということなのだと私は思う。私たちの心の中は、実に多様性にあふれ実に多面性を有している。

大学の講義に参加させてもらう機会に、時々学生に質問する。「あなたやあなたの家族が全身不随になり、介護されたりすることになったらどうしますか？」。その答えの多くは、自分が全身不随となって生きるのは無理だが、家族には生きて欲しい。介護されるのは嫌だが、介護するのは良いという答えが大体八割を超えるのである。これはどういうことであろうか？

先程の話と共通するものがあると思うのであるが、やはり人の自然な感情というか本能と言えるのではなかろうか？　人は人の役に立ちたいとか、社会のために役に立ちたいとかという気持ちもごく自然なものであろう。私もそうである。ただ、そこに潜んでいる感情の中に優越感がないだろうか？　私は優生思想という言葉がなくなって欲しいと思っているが、どうもそれは人の感情の中で自然なものの一つではないかと思うことがあって寂しくなる。ある時大学で社会学を教えている先生に、「人は誰でも多かれ少なかれ優生思想と似たような気持ちを有していませんか？」と尋ねたところ、「そうです、それを内なる優生思想といいます」と答えられて、合点がいったのである。私は、そういう気持ちが自分の中にあることについて、明確に意識を持つことと持ってもらうことを発信していきたいと思う。

【障害者と健常者の境は？】（抜粋）

日本には、現在七百九十万人の障害者が存在していると言われている。しかし、この社会には潜在的な障害者は一体どれくらいいるであろうか？　そもそも障害の定義をどのようにするかによって、その人数は大きく異なるであろう。私なりに障害者について考えてみる。

私は、週に五日程度外出するので、大変よく公共交通機関を利用する。その際親切にされることが圧倒的に多いが、時にはエレベーターに並んでいて車いすが並んでいることをわかっていて割り込む人もいる。また仲間の患者は、若者にすれ違いざまに頭を殴られたという経験などもしている。私はこういう人たちに出会うと心の中で、「人としての障害者」だなと呟く。認定されていないが、障害を持った人は実に多いのではなかろうか？　やまゆり園の犯人も精神鑑定で障害があること（当事者能力はあり）がわかったが、こんなに極端な人でも「障害者」ではなかったのである。

皆さんの身近な人に目を向けてみて欲しい。仕事を誠実に遂行しない人、嘘ばかりつく人、嫌なことは人に押しつけて自分はやらない人、責任を果たさずに言い訳ばかりしている人など、結構たくさんいるのではなかろうか？　私はこういう人は「人としての障害者」だと思う。そもそも欠点のない人など存在しないが、欠点または個性と言えるものはもしかすると障害とグラデーションのようにつながっていまいか。障害者と健常者の境とはどこにあるのだろうか？

共生とは、そもそも異質な者同士が一緒に生きられることである。しかし、強い者が弱い者を一緒に包含して暮らせることを指してはいないだろうか。確かにそういう面は私も完全に否定しない。しかし、見方を大きく変えてみると「誰もがほとんど障害者かもしれない」のである。わざわざ共生社会と言うことによって、差別や区別を生んではいまいか？　隣人は皆、同胞であるかも。

前の二つの原稿は、矛盾しています。元々、人の気持ちや思考は矛盾していると言っていますので、それはしょうがないと言えばそうなのですが、最初の原稿では、生きる意味とか価値とかは人の解釈だと言っています。それは、存在しているという事実の前には、小さなことだと言っています。三つ目の原稿ですが、人の気持ちの矛盾を認めたうえで実は結構みんな一緒ではないかということを書いています。一緒に生きるというより一緒に存在するという意味を込めて「共在社会」を目指すということを提唱したいです。

私たちの病気は、言語などによるコミュニケーションがむずかしくなる場合があります。そういう仲間のことを考えた時に、生きる意味とかよりもその人の存在自体が意味のあるものだと私は常に思っているのです。もちろん、存在していることでその家族の支えになっていることをその意味だと言えるわけですが、普通皆さんが生きる意味という場合とは、少し違うと思います。「障害者だって生きていれば役に立つことがある」と言った瞬間に、やまゆり園の犯人と同じ世界に入ってしまわないでしょうか。

だいたい役に立つというのは、何の尺度によるのでしょうか。現在では、経済合理性による場合が多いと思われます。医療や福祉の世界でも、それは持続可能にするためには無視できないことです。私は患者仲間のことを考える時、生きる価値について、役に立つとか立たないとかは絶対に言わないことにしています。でも二つ目の原稿で、私は役に立ちたいと言っています。それは、呼吸器をつける選択にあたっての最大の理由でもありました。

そのころには、まだＡＬＳの症状について理解が不足していて今のように考えていなかったので、人の役に立ちたいという気持ちは極めてシンプルなものでした。その気持ちが人の差別につながったり優生思想につながったりする可能性があるなどとは、夢にも思わずに言っていたものです。でも、今は言ってはいけないことだと思いながらもやはり自分は役に立ちたいと思っているわけです。それは、決して優越感に浸りたいわけではありません。

人の本能の原点は、生きたい、知りたい、仲間になりたいというものだそうです。それを元に考えれば、人の役に立ちたいという気持ちは自然なものの一つになるわけです。

今生きるということ

私の生活は、患者支援のためだけにあります。この三年間は、平均の睡眠時間三時間です。身近な介護者に聞けばすぐにわかります。外出も年間二百数十回ですが、一昨年は患者支援に全く関係なくて純粋にプライベートな用事だったのは二回でした。昨年も六回のみです。今年も似たようなものでしょう。

そういう生活を、意義があるとか意味があるとかは思っていません。自分がやりたいことをやっているだけです。こんな病気ですから、もちろんできることは支援が必要になります。そういう中で私はできること、またやりたいことをしているわけです。

それが生きる意味かと問われれば正直わかりません。たぶん生きることの意味というより、生きることそのものは、「やりたいことでやれることをする」ということなのではないでしょうか。最重度の障害を持っているとできることには制限が生じます。また、呼吸器をつける前は生と死の狭間で生きているわけなので、生きる意味などと言っていられない場合も多く、だからこそ生きる意味について深く考えたり意味を見出そうとしたりするわけです。生きる意味とはあくまでも解釈の問題だということと、自分の中の矛盾を意識しながら意味などないことと意味を見出すことも含めて、自分ができることを見出していければ良いのではないかと思います。

私たちは、必ず死ぬことになっています。ですが、普通は死は身近に感じません。どうしてでしょうか？　私の病気は死をとても身近に感じます。発病してしばらくすると、呼吸に障害が現れます。同じくらいの症状の患者仲間が死んでいくこともあります。自分も明日は死んでいるかもと毎日思いながら、生きようかそれとも生きないで死んでいこうかと考えるのです。呼吸器をつけるとぐっと症状は安定します。

でも、結構危険を感じることは多いものなのです。外出の時に呼吸器の回路が外れることは、珍しくありません。すぐに介護者が気付いてくれる時が多いのですが、時には周囲がうるさくて危険を知らせるアラームが聞こえない場合もあります。また、飛行機の着陸の衝撃で呼吸器が転がってしまったこともあります。そういう時は、誰か気付いてと心で呟いています。叫ぶというより、呟きという感じなのです。

それは、たぶん死が身近なものであって、幾分かの覚悟ができているからかなと思います。もっと言うと、死んでも良いと結構本気で思っていることもあるかもしれません。いつでも死んでも良いと思っている部分もありますが、それでも明日のことも考えて生きています。来年も予定が入っています。今を生きるということは、今だけを生きるということではないようです。明日のことを考えるのも含めて今を生きるということです。

私は、いろいろな社会制度を使わせてもらっています。それに幾らくらい掛っていると思いますか？　月に百万円をはるかに超えています。でも、私たちのすべての費用は社会に還流させることになります。ですが、いくら経済のフローの中にいると言っても、税負担をしている人が減れば経済は破綻します。では、やはり私たちは経済社会の中ではお荷物になるのでしょうか？　そうではなくて、高齢者も含めて公共の財産にはできないでしょうか？

受講生リアクションペーパー ……… 岡部宏生さん・ALS

● 死が本当に身近であるが故に、誰よりも生きているように感じた。(文科二類一年)

● 現代の社会というものは、様々な場面で、「健常者」が生活を行うことを前提に設計されており、その中で、なんらかの障害を持った人々が、特別な支援が必要な、例外的存在、つまり「障害者」としてカテゴライズされ、分断されている気がします。講演であった通り、健康であっても障害であっても、どちらかが普通であり、どちらかが特殊であるとは言えず、障害者に、社会に歩み寄る支援をするのも大切だと思いますが、「健常者」によって作り上げられた社会のスタンダードについて、逆に我々が見直すことも意識すべきと思いました。(文科二類一年)

● まず感じたのは、自分の命とお金をはかりにかけてしまうほどの極限の心理状態への衝撃です。「命はお金にかえられない」なんて言葉が安っぽい綺麗事に感じました。(文科二類一年)

● 共生という言葉が、実は差別を作り出している、という考えはとても心に刺さりました。確かに、弱者との共生を訴えるのはいつも強者です。そう訴えながら、内心自分が強者の側にいることを喜んでいるのかもしれない、と思うと、なんだか人間不信になりそうですし、混乱してきました。でも、生きることに大した意味はない、という言葉にはなんだか救われました。(文科三類一年)

● 障害のある方たちが、どのような自意識を持って生きているのかということはずっと疑問に思っていた。この時点ですでに、健常者である自分と障害者との間に線引きをしていることに気が付いた。誰しも多かれ少なかれ不足している部分はあり、その延長線上に障害者もいるのだという捉え方は新しいものだった。もし自分がALSを発症したら呼吸器をつけるだろうかと考えた。たぶん私には生きるという選択は（恐怖心から）できないと思う。ハンデを負ったうえで生きるという選択をすることは、とてつもない覚悟と勇気を伴っている。一人間として、岡部さんを本当に尊敬する。（文科三類一年）

●私は何をしていても、これは人に対して優位に立ちたいからやっているのではないだろうか、と思う。そんな自分が汚いと思いながらも、モチベーションになっているからいいやとあまり考えないようにして生活してきた。今回のお話を聞いて、人は、そういうふうに考えてしまいがちだと知って、生きるイミについて考えさせられた。生きるイミとは、自分の解釈だと知っていても、結局は、他人に理解してもらったり、比較し、評価されて、納得、そして安心感を得られるものだと思っていた。だから、自分のことをうまく伝えられないと、自分的には生きることが嫌になってしまうと思う。こんな話は失礼であるのはわかっているが、自分は死を選択してしまうと思う。（文科三類二年）

●後天的に障害を持つことは、健常者であったころの記憶、感覚が残っているために、結構つらい思いをするのではないかと思った。それでも生きようと思えるのは、やりたいことがあるからだと聞いて、なんの障害も持たないのに大した目標もなく、無意味に生きている自分は一体なんなのだろうと思った。（理科一類一年）

仲間のために生きる

岡部さんは、自分と同じＡＬＳという病と闘う仲間やその家族のために生きることを選んだ。そして、ひと月の三分の二ほど外出し、睡眠時間も三時間という凄まじいエネルギーを持って生きている。私たちでも、そんな日々の過ごし方はなかなかできないであろう。

その点で岡部さんは間違いなく偉大であるし、「仲間のために生きる」ということを有言実行している。だがしかし、果たして誰しもがそんな生き方をできるのか、大学生である私たち自身にそんなことができるのか。

教室で起こった、「もし自分だったら呼吸器をつける選択をするだろうか」という問い。二十人ほどいた教室で、「呼吸器をつける選択をする」「呼吸器をつけない選択をする」ちょうど半数くらいに分かれた。「死ぬことよりも苦しみながら生きることのほうがつらいのではないか」「生きることを選択することで家族や恋人を介助や資金の面で苦しめることになるかもしれない」。「生きる」ということは、自分がどうしたいかというよりも人とのつながりの中でどう生きていきたいか、ということなのかもしれない。

呼吸器をつける選択ができないと答えたある学生は、自分の家族のことを思いながら選択した。岡部さんも、自分一人がＡＬＳと闘うことだけを考えている時は生きることを強く選択できなかったけれども、ともに闘う仲間を頭に浮かべて呼吸器をつける選択をしたわけである。何か大きなことを選択する時、脳裏には大切な誰かが浮かんでいる。

「内なる優生思想」「共生社会」。自分に存在している内なる優生思想に思い悩み、現状の社会が健常者向けに整備されたものであることに疑問を呈する学生がいた。では、どうすればいいのか。岡部さんがおっしゃっていたように、ある意味誰しもが障害者だと考えて生きていけば良いのだろうか。

しかし、制度上どこかに線引きが必要となることは事実なのだ。岡部さんは、「生きる意味」について「生きる意味はない。あるのは解釈だけだ」「私にとって生きることそのものは、やりたいことでやれることをするということなのではないでしょうか」と話していたが、このスタンスは何かヒントになるかもしれない。

できることが多いほうがいい、みたいな価値観があるから障害者を差別する人がいる。でも、普遍的な生きる意味なんてないし、誰かの生きる意味を勝手に判断するなんてもっての他だ。みんな各々が、自分自身にとってできることでやりたいことをやって生きられれば、それでいい気がするのだった。

（田川）

5 丹野智文

学生たちの抱いた第一印象は、前週とはまるで違ったものだったかもしれない。目の前にもろに現れた動かない身体と不自由は、その孤独ともどかしさを想像させ、岡部さんの声に耳を傾ける一つのきっかけとなったはずだ。

丹野智文さんは、くせ毛気味の茶髪を整えたさわやかなお方だった。診断を受ける前まで、自動車販売の営業マンとして働いていたという。お客さんの趣味など会話のタネになることをメモに取って、顔を覚えてもらう工夫を欠かさなかったそうだ。その姿からは、彼が若年性認知症であることは到底わからない。岡部さんとはある意味対照的に、どんな困難を抱えているかを想像するきっかけすらつかめない。

若年性アルツハイマー型認知症

丹野智文さんの講義は、事前に用意していただいた原稿を読み上げる形式をとった。文章という形で刻まれた過去の記憶と現在の思いを一文ずつ丁寧にたどる抑揚に満ちた語りは、受講生一人ひとり、教室全体を巻き込んだ。

認知症あるいはアルツハイマーと聞いて、あなたはどんなことを思い浮かべるだろうか。メディアを通して得たぼんやりとしたイメージや知識だろうか、あるいは家族や知人だろうか。

丹野さんの言葉が、認知症のすべてではない。それはひとつの「リアル」である。この講義を読むあなたにもきっと、ひとつの「リアル」が動いているさまを感じ取ってもらえるはずだ。

（池内）

「アルツハイマー＝終わり」？

私は、三十九歳の時に「若年性アルツハイマー型認知症」と診断されました。現在、高校生二人の娘と妻と四人で暮らしています。子供たちは、私の記憶力が悪くなっていくのを感じていたかと思います。不安だったのか、ある日妻に「パパ、死ぬの？」と聞いていました。「心配かけて悪かったな」と思い、病気が判明して半年ほどで、すべてを子供たちに話しました。

アルツハイマーとわかった後、妻と二人で職場の同僚と上司にアルツハイマーと診断されたことを話しに行きました。社長は、「長く働ける環境を作ってあげるから」と、会社の理解の元、今は事務の仕事をしています。

元々は営業の仕事をしていましたが、診断される五年ほど前から「人よりも物覚えが悪いなあ」と感じていました。手帳に予定などを記入しているだけではダメだと思い、手帳からノートに変更し仕事の内容を書くようにしました。お客様が来店した時には、どの人が自分のお客さんなのかわからなくなっていることも多くなりました。

上司から怒られることが増え、怒られた時には言い訳をすることしかできず、時にはウソもつきました。「本当におかしいな、どうして覚えていられないのだろう」と思っていましたが、誰にも相談できずにいました。ある日、毎日顔を合わせているスタッフの名前も出てこなくなり、声がかけたくてもかけられなくなりました。

同僚に記憶が悪いことを相談してみました。「俺も同じようなことがあるよ、ストレスじゃないの」と言われました。上司にも記憶が悪いことを告げると、「もしアルツハイマーだったら大変なことだぞ」と言われ、私の中で「アルツハイマー＝終わり」だと感じました。

「おかしい」、以前とは違う何かを感じ、私は病院に行ってみることにしました。「ストレスですね」と言われれば、自分でも納得し気持ちが楽になるのではないかと考えていました。病院に行く前日、心配をかけたくないという思いで妻に言おうか言うまいか迷いましたが、「少しだけ記憶が悪いから病院に行ってみるね」と話して病院に行きました。そして、妻と二人で検査結果を聞きました。「アルツハイマーで間違いありません」と言われ、「やはりみんなと同じ物忘れではなかったのだ」と思ったことを覚えています。

その時には、妻には心配をかけたくないと思い平然とした顔で話を聞いていました。ふと、隣を見ると妻が泣いています。その姿を見て、「アルツハイマー＝終わり」を思い出しました。妻は、帰り一人になると目から涙がこぼれてきました。次の日から進行を遅らせる薬を飲み始め、副作用があるからと数日間入院をしました。入院中、夜になり寝ようとすると、病気のことで頭がいっぱいになり不安で眠れませんでした。アルツハイマーとはどんな病気なのか、もっと知りたいと思い携帯電話で調べました。調べれば調べるほど、早期絶望だと感じていました。

この先、私の病気が進行していった時に、妻が相談できるところがないかな、妻を助けてくれるところがないかな、と思い調べたら、「認知症の人と家族の会」があることを知りました。行ってみると年配の人ばかり。私がこの輪に入っていいのだろうか、場違いではないだろうか、と不安が募りました。

しかし、みんながやさしく声をかけてくれ話しをしてくれると、みんな同じ病気、飲んでいる薬も同じ、なんだか嬉しくなりました。「助かった」。自分の病気のことを言える、わかってくれる人がここにいる、と感じました。はじめは妻のためにと思い行ってみましたが、私自身が助けてもらい、今では楽しんで集いに参加しています。その後、笑顔で元気な認知症当事者との出会い、十年たっても元気にいられることを知りました。

私が選んだのは、「認知症を悔やむのではなく認知症とともに生きる」という道です。アルツハイマーにはなりましたが、家族と過ごす時間が増えたこと、家族以外の人と知り合えたこと、たくさんの人のやさしさに触れ合えたこと、悪いことばかりではありません。また、家族の会を通して、「アルツハイマー＝終わり」ではないことに気付きました。

病気をオープンにすることで

病気になって一番つらいことは、病気になったことではなく、妻と子供たち、両親に心配をかけていることです。妻は気にしないふりをして明るく接していますが、たまに病気のことについて調べています。両親は心配で仕方ないのがわかります。本来、これからは私が親孝行をしなければならないのに、これから先も心配をかけ続けることを思うととてもつらいです。

生活していて困ることは、認知症だと誰も気が付かないことです。初期の認知症の人は、見た目は普通の人と何も変わりがないので普通に話しかけられますし、物事も頼まれます。普通にやろうとしますができないこともあり、そうするとすべてが嫌になってしまいます。そこで私は、病気をオープンにしようと思いました。病気であることをわかってもらうことで、サポートしてもらえ支えてくれる人もたくさんいることを知ったからです。

今も、いつも一人で会社に行っていますが、私の場合には電車に乗ったりバスに乗ったりしても自分が降りる駅名を途中で忘れるんです。で、ここどこだろうといつも思うんです。最初は、隣にいる人に「すみません、会社の場所忘れたのですが、教えてください」って言ったんですよ。そしたら「なんだこいつ」って顔されたんです。で、次に女性の人に聞いたら、「新たなナンパですか？」って言われたんですよ。

で、これは無理だなと思って、自分で定期入れに「若年性アルツハイマー本人です。ご協力ください」と、自分が行きたい駅を全部書きました。これを見せながら会社に行くと教えてくれます。そうやって自分の病気をオープンにすることで、一人で歩くことができるんです。

しかし、病気をオープンにしようと思うまでにはいろいろな葛藤がありました。家族に迷惑がかかるのではないか、子供たちがいじめられたりしないだろうか、と考えていました。ある日、そのことを両親に相談したら、「何も悪いことをしているのではないのだから、私たちのことは気にしないで自分の思うようにオープンにしなさい」と言われました。子供たちにも話しました。「もしかしたら友達に知られるかもしれないよ」と話しをすると、「パパはイイことをしているんだからいいんじゃない」と話してくれました。

中学校高校の時の部活の仲間と会う機会がありました。仲間に病気のことを知っていてもらいたかったので、アルツハイマーになったことをはじめて言いました。笑いながら、「次に会う時みんなのことを忘れていたらごめんね」と冗談交じりに言うと、「大丈夫、お前が忘れていても、俺たちは覚えているから」と言ってくれ、忘れないように定期的に会おうとも言ってくれました。それまで、自分はみんなとの仲が切れてしまうのかと心配していましたが、すべて吹き飛びました。これから、多くの人の顔を忘れてしまうかもしれません。でも、みんなが私のことを忘れないでいてくれる、だから忘れたっていいじゃない、そう思ってこれから生活していこうと思えるようになりました。

偏見は、自分自身や家族の心の中にあると感じます。周りの人から何を言われるのだろう、どのように思われるのだろうと、びくびくしてしまうのです。

私は、はじめのころ周りの人たちは、介護者や世話人だと思っていました。しかし、周りの人たちと一緒に出かけたりしていると彼らをパートナーと思うようになりました。特に、一緒に活動している人たちはサポートしてもらいながら何かを一緒にするパートナーと実感しています。できないことだけをサポートしてもらいながら、できることを一緒にするという考えを持っていればみんなパートナーとなるのです。

パートナーと思うと、本当にこの人には何が必要なのだろうと考えるようになり、一緒に寄り添うことができるのだと思います。私も、すべての人をパートナーと思うようになると助けてもらいながらも「その人のために何かできないかなあ」と常に考えるようになりました。そして、気軽に「ここができないから助けて」と言えるようになり、「ここはできるので一緒にやろう」と言えるようになったのです。

私は、認知症になっても周りの環境さえ良ければ笑顔で楽しく過ごせることがわかりました。

認知症と診断された後、薬も必要ですが環境が一番必要だと感じています。人と人とのつながりの環境が大切で、それが私を笑顔にさせてくれたのだと思います。

できることを奪わないでください

仙台で、二年前に「おれんじドア」という活動が始まりました。これは、認知症当事者が不安を持っている当事者の話を聞くという世界ではじめての試みです。私は、私よりも先に不安を乗り越えた当事者との出会いにより、私もこの人のようになれるかなあと思うようになり、気持ちが前向きになり、「同じ認知症の仲間を手助けしたい」と思うようになりました。

自分が悩んだ時、周りから「大丈夫だよ、頑張りなさい」と言われても、「自分の気持ちはお前にはわかるはずないだろう、認知症になったこともないのに」と実は反発していました。しかし、当事者と話しをすると共感することが多く、同じ悩みの中でもこんなに元気でいられることができるのかと知りました。おれんじドアをやっていくうちにわかったことは、「当事者の力を周りの人たちが奪っているなあ」ということです。認知症というと、「何もできなくなるので、やってあげなければ」と思っている人が多いと思います。

おもしろい話があって、おれんじドアで当事者の相談に乗っているんですけれども、はじめて来てくれたあるおばあちゃんが、美容室を六件経営していた人で、「これから何やりたい？」と聞いたら「仕事続けたい。でも認知症になってみんなから仕事取り上げられちゃって、今何もやってないんだよね。でも髪切りたいんだよね」と。「でも、できるの？」と聞いたら「馬鹿にしないでよ」と。それではと思って施設で髪を切ってもらったら、やっぱり上手なんですね。で、髪の毛を何人か切ってもらっているうちに仕事に復帰しました。その後、久しぶりにおれんじドアに来てもらおうと思ったら、「お客さんがいっぱいだから行けない」と言われて、最高の断り文句だなと思いました。

障害を持っていようが持っていまいが、普通の人でも得意不得意はありますよね。得意なことを伸ばしたほうがその人は育つんですすよ。それと同じです。

私からのお願いです。「できることを奪わないでください」、「時間はかかるかもしれませんが待ってあげてください」、「一回できなくても、次できるかもと信じてあげてください」。できた時には、当事者は自信を持ちます。自信を持って行動することはとても大切で、やさしさから良かれと思ってすべてをやってあげたり、できないと思ってやってあげたりすると、本当に自信を失い、すべてができなくなってしまいます。

当事者の家族から、「この人しゃべれませんから」と言われることがあります。しかし、私と話しをするとみんな話しをするし笑ってくれます。認知症当事者は、失敗ばっかりするので家族や周りの人たちに迷惑をかけてはならないと思ってしまいます。そして、迷惑をかけないようにと話しをしなくなり、何もしたくなくなり、うつになってしまう人が多いのです。

失敗を恐れずに、自立する気持ちを強く持つことが大切だと思います。自立を考えるうえで重要なのは、自己決定をして自分の過ごしたい生活を過ごせているのかどうか、自分らしい生活ができているのかということです。私たち当事者は、守られるのではなく目的を達成するために皆さんの力を借りて課題を乗り越えることが必要だと感じます。

認知症になっても、当事者や家族はどうしても認知症になる前の姿を追い求めてしまい、できなくなることを受け入れることができません。そのことで、今までとは違う姿を見せたくないと思う人も多くいます。「今までのようにはいかない」と受け入れる勇気が必要だと私は感じています。

実際に、今までのようにはいきません。私は、できなくなったことを受け入れて、良い意味であきらめることで、できることを楽しんで生活するようになりました。営業の仕事、好きだった車の運転はあきらめましたが、今まで想像もしなかった講演活動などで人生が大きく変わりました。全国にいる私の仲間たちはとても輝いています。人生は、認知症になっても新しく作ることができるのです。

認知症は誰にでもなり得るただの病気

認知症と診断されると病院では薬を出してくれますが、それだけではダメだと感じます。病気を受け入れられる環境が必要で、本人や家族が安心して暮らしていける環境がなければダメなのです。本人や家族は、不安でいっぱいなのです。私は自分で家族の会を知り、家族の会でいろいろなことを教えていただき、不安が少しずつですが解消されていきました。

認知症当事者から、完全に不安を取り除くことはできません。私にもいつ不安と恐怖が押し寄せてくるかわかりません。しかし私は、これから先のことを考えずに「一日一日を楽しく笑顔で暮らすことだけを考えて生活していこう」と思うようになりました。

認知症は、決して恥ずかしい病気ではありません。誰でもなり得るただの病気です。病気によってできなくなることもありますが、できることもたくさんあります。

これからますます増えてくる認知症、皆さんのお母さん、お父さん、おばあちゃん、おじいちゃん、いつなるかわかりません。ぜひ、みんなで支える社会を作りましょう。私も認知症ですが、同じ認知症の仲間を支えていきたいと思っています。

受講生リアクションペーパー ……… 丹野智文さん・若年性アルツハイマー型認知症

● 認知症などの病気によってなんらかの障害を持った人々は、病気以前の自己から病気（障害）を抱えている自己へと変化することを迫られるものだと感じた。自分自身や周囲の人間、社会が、以前のような自己、自己像を保ち続けることを求める中で、障害の当事者が、自己を変容させるには、本人のある程度の妥協、あきらめが必要であるとともに、それを補助し、促す装置として、家族、知人、社会団体があるのだと感じた。その装置がうまく機能するには、偏りのない、知識・情報を広く共有することが必要だと思った。（文科二類一年）

● 今まで、メディアが発信する認知症の「あるべき姿」をうのみにしていた。今回実際に話を聞いてみて目から鱗だった。周囲の人はそんなにも受け入れ、その人のためを思えるのかと思った。「お前が忘れても俺たちは覚えておくから」という言葉には本当に感動した。病気に関して罪悪感を抱く認知症の方などに「できるところまでやってみて」という意識が社会に求められているし、少なくとも私は忘れないでいたいと思う。（文科三類一年）

● 明るく、メッセージ性を持って具体的に語る丹野さんの姿に感動しましたが（したからこそ）モヤモヤが残っています。家族がやさしさから当事者からできることを奪ってしまうということですが。私の祖母は認知症で、施設で暮らしています。家族がなんでもやるのはやさしさからではなく、そっちのほうが楽だからなんじゃないかなと思います。（文科一類二年）

● 正直、丹野さんがスムーズに会話したり質問に答えたりしているのを見て驚いてしまった。メディアから与えられたことを何も疑わずに受け入れていた自分に悲しくなった。これからはリアルを知るために、能動的になることが必要だと思った。そして、家族が本当に大切な存在で支えにもなっているのだなと感じる反面、側にいてくれる家族がいなかったり、大切な人たちに病気が原因で裏切られたりする人たちもいるのだろうなと思った。そのような人たちがどうやって病気を受け入れる環境を作っていけるのか、とても難しいと思う。（文科一類一年）

●丹野さんは、障害者と健常者の区別を曖昧にしている印象を受けました。もちろん彼が普通にコミュニケーションがとれるからそういう印象を受けるのだろうと思いましたが、彼の「できることを奪わないでください」という言葉は、「私をカギカッコつきの『障害者』として扱わないでください」という訴えに聞こえた。彼のその考えは、彼の障害がより重度になったら変わるのか？　とても興味があります。また、自分だったら障害のある方とどうコミュニケーションをとるだろうか？　必要なのは、障害者を拒否しない心と、今日学んだ障害者を守りすぎない心だと思う。（文科二類一年）

●今回の丹野さんのような認知症に限らないが自分にとって障害者は、「健常者よりも能力が劣っているから守らなければならない存在」という認識であったが、お話を聞いてその認識を改めた。特に当事者を支援する人は「介護者」ではなく「パートナー」であるという話は感銘を受けた。当事者の支援は、例えて言うならば背の低い人に高所の物を取ってあげるようなものではないかと考えた。丹野さんの前向きな姿勢がすごい。（文科一類一年）

認知症とともに生きる

「できることを奪わないでください」という言葉は、今回の講義にとどまらず、「失いながら生きる」をテーマとした一連の講義を貫く核心をのぞかせたのかもしれない。できるから偉いとか、できるから価値があるという尺度を持ち出すわけではない。その尺度を人間一般に当てはめようとすると、そこには排除が生まれ、行き着く先は終わることのない分断である。

一方で、他ならぬ自分自身や、自分と関わる人が、できることの中に自信を育て、生きがいやその人らしさを求めることは自然なことだ。丹野さんの素直な思いは、「存在に意味はなく、あるのは解釈だけ」と考えながら同時に「人の役に立ちたい」と思う岡部さんの抱える矛盾とつながっている。

「おれんじドア」で丹野さんが相談に乗っていると、「この人は話すことができないから」と家族が本人の思いを代弁してしまう、という場面に多く遭遇するという。家族に一度離れてもらうと、本人が「守られ過ぎてて、迷惑をかけて悪い」など家族に対する思いを話してくれることも多いそうだ。

双方の悪意のないやさしさが、してもらう・してあげるの一方的な関係を固定化させてしまう。丹野さん自身の日常や、「おれんじドア」での活動は、工夫を重ねてリスクを量化し、固定した関係に風穴を開け本人の意思を反映させるチャレンジだ。「何もできない」とも「何でもできる」とも違う、その間を探るためには試行錯誤を続け実践を一つひとつ積み重ねるしかない。

「ふつうのひと」として認知症を抱えて一人で生きるわけでもなく、「認知症の人」として周囲の「やさしさ」にすべてを預けて生きるのでもなく、「認知症とともに」自分らしく生きるという丹野さんの決意は、きっと一度きりでは済まないだろう。

診断を受けた直後、「アルツハイマー＝終わり」と感じ、夜一人になると泣いていたという丹野さん。その不安や恐怖が完全に消えることはないのだろう。病状や環境の変化に応じて感情は揺らぐ。絶えずやってくる変化を受けとめ、時に絶望しそうな現実から距離をとって笑い、「認知症とともに生きる」という決意を更新し続ける。

（池内）

6

今井敏夫
今井雅子

「建築会社経営の岡部さん」は、「ALSの岡部さん」へ、「敏腕営業マンの丹野さん」は、「若年性アルツハイマーの丹野さん」へ、そして「音響効果の今井さん」は、「高次脳機能障害の今井さん」へ。たとえ発病後の彼らが多面的で、夫や父や職業人としての顔をたぶんに持ち合わせていたとしても、少なくともゼミの場では「障害を持つ誰々さん」としての顔が強調されてしまう。

「失いながら生きる」の最終回は、今期で唯一の、当事者本人とご家族の両方にお話しいただいた回だ。発病前から長らく生活をともにし、家族を作りあげてきた今井敏夫・雅子夫婦。敏夫さんの脳出血は、彼自身のアイデンティティを大きく変えただけでなく、雅子さんのアイデ

高次脳機能障害

ンティティにも、理解も支援も手薄な高次脳機能障害のアドボカシー（権利擁護）に取り組む「患者家族」「支援者」という新たな局面を切り開いた。しかし同時に、「患者としての敏夫さん」だけでなく、「夫や父としての敏夫さん」の姿を教室の中に浮かびあがらせたのが「妻や母としての雅子さん」だ。おっとりした夫とてきぱきサバサバした妻というテンプレートを思い浮かべたのは私だけだろうか。

一つひとつの原稿を丁寧に読む敏夫さんと、補足を加えたり敏夫さんに指示を耳打ちしたりする雅子さん。二人がマイクを受け渡しする姿には、熟年夫婦としての関係、当事者・家族としての関係、あるいは支援者・被支援者としての関係が重なり合って滲む。

（築島）

高次脳機能障害とは

［敏夫さん］　今日は、私の障害についてお話ししますけども、どうぞよろしくお願いいたします。

［雅子さん］　妻の雅子です。高次脳機能障害者と家族の会、世田谷高次脳機能障害連絡協議会、また東京高次脳機能障害協議会などのいろいろな役員とか代表やってたりしています。で、彼が働けなくなってからは、家計を支えるためにヘルパーの仕事もやっています。

［敏夫さん］　倒れたのは、二十二年前のことです。私は四十四歳でした、テレビや音響効果の仕事をしておりました。一九九五年八月、会社内で仕事中に発症しまして、救急車で搬送されて翌日開頭手術、一週間意識がありませんでした。そのあとリハビリ病院に転院しました。入院期間九カ月の後に家に戻りました。右側頭葉に脳出血による左半身麻痺の他に高次脳機能障害が残りました。

　在宅での車いす、そして歩行のリハビリの後、仕事に戻ろうとしたのですが、無理だったので退職しました。普通の就労は難しいということで、地域の作業所を紹介されました。最初は施設の中のトイレの場所がわからなくなったりしました。クッキーを作る作業だけではなくて、牛乳パックを切って、ビニールを剥がして、中の紙を剥がして取り出すという紙作業などができるようになりまして、それからは気持ち良く様々な作業ができるようになりました。そして、昨年の十一月、これで六十五歳になったので、それまで十七年間通いました施設の卒業。六十五歳という年齢は元気な人でも定年という一つの区切りの年齢です。障害者の施設も退所しなければならないのは仕方がないんですが、その先は全く見えませんでした。

介護保険を申請して、デイホームに行く準備をしようと思いましたが、結果は「要支援一」でした。行きたいと思っていた高次脳機能専門のデイホームには通えないと言われました。私の障害については、障害のために生活のしづらさというものがあるんです。これがなかなかわかってもらえない、それはとても残念でした。

介護保険にないサービスは、障害の福祉サービスを引き続き利用できるそうです。六十五歳でも行ける福祉サービスを探して、やっと見つけました。今まで通り週五日通えて作業ができて、わずかですけれども工賃をいただける。前の施設より年齢の若い人たちが多くて、毎日毎日がチャレンジです。

［雅子さん］　家族の立場と支援者の立場のお話しをさせていただきます。高次脳機能障害というのは、なんらかの原因があって脳に損傷を受けて残った障害のことを言います。脳卒中が多いのですが、若い方にも多いんです、バイクの事故だったり交通事故だったり。これは、誰にでも起きることなんです。関係ないわ、障害者だわと思っていらっしゃるかもしれないけれど、

ちょっと思い返したらたぶん身近なところに何人か思い当たるような方がいるんじゃないかなと思います。それなのに、この障害についての支援はなかったんですね。

彼が倒れた時は、音響効果の仕事をしていました。夏の暑い日、事務所で倒れました。夜中に電話があって、「救急車で搬送したから来てください」って言われて、行った時にはまだ意識がありました。本人とも、「夜中に悪いねえ、保険証持ってきた？」みたいな話ができていたのですが、翌日行った時には、もう意識がなく、顔も倍ぐらいに真っ赤に腫れて、それこそ血管が波打っていて、泡吹くっていう状況で、「ああ、もうこの人死ぬかもしれないな」みたいな感じでした。それでそういう時って不思議なんですけど妙に冷静で、「さて、もしこれでダメだったらどうしよう、誰にどうやって連絡しよう」、頑張って！助かって！って思う半分、手術中にそういうことを淡々と考えてしまう自分にちょっと唖然としました。でも、命は助かりました。

うちは子供が三人いて、高校生が二人と小学校六年生が一人でした。高校生の息子たちはアルバイトをしたり友達と遊んだりして夜にならないと帰ってこないみたいな状況で、結局残されたのは六年生の娘だけ。私は病院にかかりっきりで、洗濯物をたたんだり、犬の散歩をしたりっていうのは全部彼女のところにいっていました。

会社には、やっぱりなかなかこの障害について理解してもらえなかったですね。「退院したなら出てこいよ」と言われて、やっとこさっとこ杖ついて行きましたけど、元気だったら三十分くらいで作っていたようなものを四時間かけても作れない。そういうことを二カ月くらい続けて、「もう、ダメだね」ってことで退職することになりました。まあ、彼自身はこんなんで迷惑かけちゃいけないから辞めますって感じでしたけど、家族としてはとても悔しい思いをしました。

それからは、就労訓練を障害者の施設でやってきましたけれども、障害者の六十五歳の問題っていうのは結構大きな問題です。障害の福祉を受けてきたのに、六十五歳になると介護に切り替わらないといけないっていう制度なんです。一生懸命リハビリしてできることが多くなれば、一番軽い「要支援一」になってしまう、すごく理不尽な問題があります。

彼は一生懸命働いていますが、ここまでくるには相当の葛藤があると思うんです。高次脳機能障害の人たちは、そこから立ち直ってそこから新しい人生を再構築していくという作業をして今に至るというわけで、支援してあげるっていう形ではなくて、彼のやりたいことに一緒に寄り添っていくということが必要なんじゃないかなと思っています。

高次脳機能障害はなかなか大変

［敏夫さん］　私は左半身に麻痺が残りましたが、麻痺のない高次脳機能障害の人もいて、一見

どこも悪くないように見えるので、障害を理解してもらうのは大変です。私の場合には、記憶障害があり新しいことがなかなか覚えられません。また、思い出せません。メモ、携帯、カレンダーなどに書き込んでいますが、何度も同じことを聞いたり、約束を違えています。スマホやパソコンの操作を覚えるのも大変です。

[雅子さん] 記憶の障害です。彼の場合は、新しいことが覚えられません。まず、メモをつけなきゃいけないっていうことが覚えられない、言われて書いてもメモを見ればいいってことも覚えていない。メモを見て、書いてあることが何だったかっていうことが結びつかない。メモが脳の補助具になるためには三年かかりました。なかなか大変です。彼は映画が大好きだったんです。でも、今は見られません。あの長い時間、最初から起きていることをどんどん忘れていくから、話がどうだったかがわからなくなっちゃうんです。

皆さん、今東大で、お勉強ができて、知識が積み重なって脳の中にいっぱいあるかもしれないけど、それがバーンとすっ飛んじゃって、毎日自分が何をしているのか、何をしなきゃいけないのかを覚えていられないっていう人生を想像していただければわかるかなと思います。結構記憶の障害っていうのはつらいかなって思います。

[敏夫さん] 左側の反側空間無視についてお話しします。左側にあるものを見落としてぶつかる、

もしくは左に道があるのにわからないで左側に曲がれないという障害です。また、身の回りのものが見つからない、しまった場所がわからなくなってしまいます。これは、左側が見えないということと、記憶障害が関係しているんだろうと思います。

私の場合は、特に左下が消えてしまいます。スクランブル交差点は特に怖いです。渋谷のハチ公前の交差点で人にぶつかり、メガネを飛ばされて気が付いたら車に囲まれてしまって、スクランブルがストップしてしまいました。それからは、スクランブルにはいかないようにしているんですけど、渡らなきゃいけないことがあるんですね。

［雅子さん］これは、非常にわかりにくいです。なぜか左側を見た映像だけがスポーンと切れてしまう。だから、手で左目だけ押さえて左側が見えないっていうわけではない。

空間無視に私が気付いたのは、入院中でした。ご飯が出てきて、主人が「今日はご飯がないね」って言うんです、ちゃんとあるのに。「ありますよ」って言っておかずと入れ替えてあげると、「ああ、あった」という感じなんです。あと、五人くらいのお友達がお見舞いに来て彼を囲んでいろいろな話をしている時に、急に左側にいるお友達のことを、「今日は○○君来ていないけれど、彼は元気かね」と言って、みんなギョッとしたってことがあって。どうもこの人は左側が変だよねっていう感じでした。

だから私は、いつも右側にいるんです。左にいたら私の存在はないんです彼の中で。そういう不思議な障害です。

［敏夫さん］それから、身の回りの状況判断が非常に難しいということ、順次に判断できなくて、とても時間がかかります。すぐに判断ができなかったり、考えるのに時間がかかります。急がないといけない時に急かされたりすると、さらにパニック状態になり修復がとても難しいです。

［雅子さん］だから、本当は急かさないでゆっくり彼のペースでやらなければならないのですが、家族って残酷で、自分のペースで動いていると「早くしてよ、何時間かかるのよ」みたいなこっちのイライラが伝わってしまって喧嘩になってしまうことがあるんです。支援者は、やってあげるほうが絶対楽です。だけど本人にとってみれば、自分のペースでやらせてよっていう部分がたぶんあるんだと思います。

［敏夫さん］次は、四番目でいいかな、四番目は注意力、それから集中力などが続かない。一つのことを続ける集中力が続かず、適当に休息をいれてやらないととてもミスが多くなります。私の場合は疲れやすくて、すぐに眠くなります。大好きだった映画、テレビの野球中継、それが見られません。夕方ご飯を食べると、七時の天気予報で寝てしまっています、これが現在ですね。さすがに作業をしている施設で眠くなることはないんですが、睡眠をきちんと取るよう

にして気を付けています。

［雅子さん］　脳にダメージを受けた人たちって、普通の人たちと同じように生活するには三倍くらい電流が流れないとついていけないそうです。様子を見ながら気を使ってあげないといけないのですが、やはり家族は自分のペースで引き廻すみたいなことが、いつも反省しています。

やりたいことがリハビリになる

［敏夫さん］　これからのことについて少しお話しします。二〇〇二年に、ポールマッカートニーの東京ライブを中学の友達と一緒に観に行きまして、せっかく集まったんだからということでバンド活動をまた始めました。元々ボーカルとギター担当でしたが、左手のグリップができなくなりギターを弾けなくなったので、「お前はドラムを叩いてみろよ」という友人の言葉でリハビリを兼ねて、はじめての年はドラムを叩かせてもらいました。そして、二〇〇八年に世田谷高次脳機能障害連絡協議会主催の「春の音コンサート」に参加しました。

その後、毎年春のコンサートに参加して翌年にはギターが弾けるようになりました。そして今、私はヴァイオリンが弾けるようになりました。ギターは、結構握力が必要なんですが、ヴァイオリンは軽く押さえて指で震わせれば音楽になります。バンドの仲間は、「もう今井はいい加減にしろ」ということでいなくなってしまったんで、ソロでヴァイオリンでビートルズを弾いて、ディズニーを弾いております。

音楽というのはとても素晴らしいです。弾けるようになりたい、コンサートに出たいというくり返しくり返しの練習がリハビリになっています。これからも音楽を通して何かできることがあったらなあ、やりたいことが少しずつできるようになるんだけどなあ、そういうことを皆さんに伝えていきたいと思っています。

［雅子さん］　彼が、毎日施設に通っているだけではなくて、音楽を楽しめるようになって、私たち家族は自分たちの仕事や生活ができるようになりました。

彼にずっと付き合って、バンドで曲を仕上げてくれたお友達に本当に感謝です。さっき、一人いないよって言われたお友達なんですけれども。生きるか死ぬかみたいな時からずっとみんな見守ってくれて、引っ張り出してくれて、今生きがいになる音楽を思い出させてくれたっていうことで、私は心から感謝しているんです。

リハビリって、病院に通ってリハビリするだけがリハビリじゃないんです。やっぱり毎日の生活の中で、いろいろなことをやりながら取り戻していったり、新たにできることが増えていったりということがあるんです。支援活動の中で、「リハビリができるところはありませんか」っていう家族からの相談があるんですけど、実は身近な自分の生活の中でできることを増やしていくっていうことも、大切だと思っているんです。

もう一つ、もう亡くなってしまったけれど犬もリハビリに参加してくれました。私がだんだん仕事が厳しくなってきて、主人に犬の散歩をやってくれないって頼んだんです。でも右に杖を持って犬の散歩ってすごく大変。犬は最初家に帰ってくると家の中で駆けずり回って「こんなの散歩じゃないよ」って怒っていたんですが、しばらくするとゆっくり先を歩いて、止まって「どうした、ついてくるか」みたいな感じで。病気になって倒れるまでずっとやってくれた。いろいろな環境が人を支えてくれるんだなあと、本当に犬にも感謝しています。

そんな感じで二十二年間なんとかやってきましたけれども、六十七歳ってなると、元々脳がやられて萎縮しているから、「高齢になって衰えていく速度は早いかもしれないな」とか、その辺はすごく心配なんですけども、「まあ、それはそれでしょうがないよね」って、そういう中で「じゃあ、何ができるかな」って、みんなで支えていけたらなと思っています。

彼の場合のお話でしたけれども、高次脳機能障害は他にもあり、損傷された脳の部位によって一人ひとり違います。身近に高次脳機能障害者がいた時には、今の話をちょっと思い出して、どういう支援が必要かということを、少しでも考えていただければ嬉しいです。

受講生リアクションペーパー　………　今井敏夫さん／今井雅子さん・高次脳機能障害

●障害者というと、体の不自由な人というイメージがありましたが、脳の障害も（外見からわからないが）それなりに大変だと感じました。ただ、確かにいろいろなことができなくなっていますが、ただの病気なのに、障害者と呼ぶのはひどくないですか。それとも、保険をもらえるから、そう呼んだ方がいいでしょうか。障害者と言ってもピンとこないです。（理科一類一年）

●映画が見られないなどのお話から、それは思い出が作れないということで、介護する側もつらいだろうと思った。少しのきっかけで誰にでも起こり得るものだろうと思うので、それも含め正しく知らなければと感じる。また、今の状態まで回復するのにどれほどの努力をしてきたのかを考えると、家族ぐるみの協力なしには克服するのは難しいなと思った。（理科一類二年）

●今回は障害者とその支援者、両方からの話が聴けておもしろかった。支援者がすべてやってしまうと障害者にストレスがかかる。障害者がすべて自分でやろうとすると支援者にストレスがかかる。両者のバランスは非常に大切だと感じた。また、家族だからこそ、友人だからこそできること、できないことがあり、誰であってもかけがえのない支援者になり得ることを直接聞けたことが良かった。（文科二類一年）

●前回の授業では、障害者といっても自分でできることはある。「障害者扱いしないで欲しい」という意見があったけれど、再び認知症に似た、高次脳機能障害の方の話を聞いて実は違うのではないかと思った。障害者が「感動ポルノとして扱われるものではない」イコール「特別扱いする必要はない」（と考えるの）は安直なのでは

ないだろうか。（文科二類一年）

●私は小学三年の時に転倒して頭蓋骨を骨折した。自分も、少し状況が違ったら高次脳機能障害になっていたかもしれず、他人事とは思えなかった。また、今の自分の性格（短気、集中力が続きにくい……）はもしかしたら事故の影響もあるのかもしれないと少しだけ感じた。障害の有無の境界線はなんなのだろうと思った。自分も障害者なのかもしれないと感じた。（理科一類二年）

●一番印象に残っているのは、渋谷スクランブル交差点の話です。きっと、私も一人の歩行者として遭遇したら、「どうしたんやろ？」って思うはずです。でも、敏夫さんは恐怖や不安を感じているんだと思います。「こんなことあったけど、轢かれなくて良かったー」などポジティブに考えていらっしゃったので、再び決めつけは危ないということ、障害者の方は本当に想像をはるかに超えて明るい人が多いと感じました。（文科三類一年）

●敏夫さんが次に話すことを、何度か雅子さんが指示していましたが、何かこういうのは違うんじゃないかなぁというのが率直な感想です。雅子さんのこういう行動に敏夫さんがどう思っているのかは聞いてみたいなと思いました。（文科二類二年）

●将来的にロボットのヘルパーが広く普及すれば、ロボットには個々のペースというものはないため、障害者自身も家族も余計な心労を増やすことがなくなり良いのではと思った。また、人間味のあるロボットであればなお良いと思った。（理科一類一年）

「障害者」とは

「失いながら生きる」を締めくくる本講義は、当事者本人と周囲の人との関わりについて多くを考えさせるものであった。前週の丹野智文さんの講義を踏まえ、「『障害者』にもできることはあるのだから、それを奪わずに本人にやらせる、という原則がどこまで通用するのか」について、たくさんの学生がコメントを寄せていたように思う。

障害者の権利について考える時、家族が当事者の機会を奪ってきたことがしばしば問題になる。家族だって「当人にやらせないと」と深く自覚しているが、毎日の生活では理想通りにはいかないことを突き付けられた。

「支援」が、ただ単に身辺の世話をすることだけではないことも、今井夫婦から得た気付きだ。雅子さんの的確な説明があったために、高次脳機能障害について学び考えることができた。それも、高次脳機能障害者全体に対する大きな「支援」だ。「周りの人に本当に恵まれていると感じた」と綴った学生がいたように、敏夫さんの語りぶりは明るかった。だからこそ、その先にある本人の意思を尊重した暮らしについて思いがめぐる。

また、雅子さんが「誰でもなり得る障害」として高次脳機能障害を語ったことも印象に残った。ある学生が「自分も障害者なのかもしれないと感じた」とコメントした一方で、「ただの病気なのに、障害者と呼ぶのはひどくないですか」と書いた学生もいた。生きがいとともに日々を送る今井さんが、「障害者ではない」ように見えたのだろうか。「障害者」という言葉はかくも忌まわしいのだろうか。

ゼミは「障害」の定義や言葉そのものにはこだわらず、「様々な生きにくさ」について語る場であろうとしてきた。参加学生は自分が障害者かもしれないと思うことも、全く当事者性を感じないこともある。生身の講師との出会いが生む「障害」への親近感と、鮮烈な語りが放つ安易な共感を寄せ付けない空気と、「障害者」と目の前の人を呼ぶことへのためらいと。講義が喚起する感情のベクトルは多方向だ。

「失いながら生きる」という題だって波乱含みだ。人生半ばで障害を得ることは喪失なのだろうか。反論したくもなる。しかし、どの講師も、発病初日から「障害は個性だ！強みだ！」と思えるようなスーパーマンではなかった。かつての自分を失う痛みと向き合う時間があった。その痛みは今でも時々襲ってくるのかもしれない。その痛みを思った時、程度の差はあれ、「失いながら生きる」のは彼らだけだろうか。あなたも「失いながら生きている」と感じたことはないだろうか。

（築島）

失いながら
生きるということから

何者か

田川 菜月

大学二年生の春。私はどうしようもなく苦しくて、何かに焦っていて、得体の知れないものに恐怖を感じていた。憧れの東京大学、期待に胸を膨らませて楽しみにしていた大学生活。それなのに私はどうしてこんなにもがきながら生きているのだろう。

高校まで私は、確実に「何者か」であった。勉強はできるほうだったし、いわゆる優等生だった。たまにおちゃらけた言動をして、みんなを笑わせる（笑われる）こともあったけれど、ちゃんと根っこは真面目だとわかってくれているんだという安心感から、とても居心地の良い空間だった。

小学校も中学校も高校も、ずっとずっとそうして生きてきた。

でも、この大学という場は何かが違う気がした。大学では勉強はできないほうだった。中高に引き続き入部した体育会の部活も辞める決断をしようと思っていた。

周りの人と比べて抜きんでた能力があるわけではない。熱中できると思っていた部活動も、なんだか違うような気がしてしまった。「田川さんは部活頑張っているからね」とどこか逃げ道になっていたその道もなくなった。人間関係も希薄な気がする。安心感のうえで成り立っていたコミュニケーションも、今では表面的な面白可笑しい部分だけ掬い取られて、自分のことなんて何もわかってくれていないような気がする。

もちろん、友達と会話すればふざけたりもするし、笑ったりもする。でも、この上滑りな、「真面目」が存在しないコミュニケーションに私は物足りなさを感じていた。今、私の目に映っている友人に私はどのように映っているのだろう……。何者でもない自分。私はどこにも支えがなくてぐらぐらしながら生きている心地だった。

このままとどまってもがいていても仕方がない、とりあえず新しい場に足を踏み入れようとしたその先が、この「障害者のリアルに迫るゼミ」であった。

最初の授業は、目も見えない、耳も聞こえない、東大教授の福島智先生だった。どんなかわいそうな人が現れるのだろうと考えていた。しかし、実際に現れた先生は明るい雰囲気を身にまとっていて、ユーモアあふれる方だった。視覚も聴覚も遮断された世界は私の思考を凌駕していて、どうあがいても想像ができなかった。今この教室の中同じ空間・時間を過ごしている。同じ世界を生きているけれど一方で違う世界を生きている先生。私は先生に興味深々であった。そして、極めつけは最後の質疑応答でのやり取りである。

「また目が見えるようになったら、声が聞こえるようになったら何が見たいですか？　聞きたいですか？」「目が見えるようになったら父親に買ってもらって見えずじまいになっていた望遠鏡で星を見たいかな。耳が聞こえるようになったら……女性のあの時の声を聞きたいかなあ」。教室はなんとも言えない空気に包まれた。そんな空気の中で私は一人心がざわわしていた。

次第に、私はこのゼミに魅了され、一週間の一番の楽しみにまでなっていた。この空間には、今までの私の大学生活に欠乏していた、相手という存在が、言葉が、私の心にぶつかってくる感じがあった。それは講師として来てくださる方だけではなく、ここに集まって来た学生もそうであった。私自身もこの空間に飛び込みたい、胸を借りたい、ぶつかりたいと思うようになったのであった。

そしてあろうことか、私はこの「障害者のリアルに迫るゼミ」で「恋愛」について思案することとなった。大学二年の春、どこにも支えがなくてぐらぐら生きている気分のもう一つの大きな要因は「恋愛」であった。

私は大学入学当初、「運命の出会い」「運命の人」の存在を本気で信じていた。「運命の人」とは何だろう。（背が高くて、塩顔イケメンで……のような話は今は抜きにして）私が考えるに、一緒にいる必然性・意味のようなものを出会った当初から感じられて、大多数が理解していなくてもその人は私の芯をわかってくれている、と思えるような人だろう。

しかし、大学生活が始まってみると、そもそもの人とのつながりが希薄で、そうに至るチャンスがほとんどなかったように思う。そして、そのような状況だったために、「せめて一人だけでも自分のことをわかってくれる人がいたらなあ」と恋愛を強く意識するようになっていたのかもしれない。

私に恋愛を難しくさせていたのはそれだけではない。今まで自分の世界とは違う世界でくり広げられていると思っていた性的なことが、すぐそこまで顔を出すようになり、いつ当事者になってもおかしくないことに気付き、戸惑わずにはいられなかったのだ。自分とは関係ない世界の事象としての性の話（下ネタ）は、高校時代にはむしろ笑って聞いてしまうほうだったし、そういうことに興味がないわけでもなかった。でも、少女漫画のような恋愛こそが善きものと考えている身としては、恋愛と性をごっちゃにしてはいけないような気がしていたし、何か汚いものであるような気までしていた。

こうした混沌とした思いも、このリアルゼミにならぶつけても大丈夫だろうと思えた。きっと、福島先生の最初の講義に心がざわざわしたのもそのためだろう。普段の友達との会話では面白可笑しくなってしまって、私自身としても真剣に話すことを避けていたのかもしれないテーマでも、この場ではみんなで一緒に真面目に考えられそうな気がしていた。私は、いくつかの行動に出た。

私はまず、「性」について向き合うことにした。障害者の性について活動されていて、ご自身も脳性麻痺である熊篠慶彦さんにお話を伺った。すると、タイミング良く熊篠さんの「添い寝介助」という取り組みの見学をさせていただけることになった。

「添い寝介助」とは、お二人ともが全身性の障害を抱えているカップルの触れ合いを介助者何人かでサポートしようというものである。元々こうした取り組みを熊篠さんが行っていたわけではなく、普段の介助者には絶対頼めないお願いだと思ったそのお二人が、熊篠さんならきっとやってくれるだろうと突撃メールで依頼してきたものらしかった。

私は、見学前に相反する気持ちを抱えていた。好きなのに自力で触れることもできないという状況を想像し、なんとかしなくてはいけないと切ない気持ちを抱いた一方で、大の大人が何人も集まって二人の性的な空間に介入するという状況に、そこまでしなくてはいけないのかと違和感も覚えていた。

当日、一部立ち会わせてもらって、私の心境は大きく変化した。ほんのちょっと相手に触れるための体勢を作るのにも、彼氏さんの体勢に無理はないか、維持できる体勢かなんてことを確認していたら、一時間近くも経ってしまう。みんなでそのカップルのエロを共有し、力を合わせてエロを作り上げていくその空間に圧倒され、感動してしまった。

また、つらいことや大変なことがあると、他にもっといい道があるんじゃないかとか、このままでいいんだろうかとか考えてしまう私は、純粋にここまでして愛し合えるお二人がすごいと思った。

「周りと比べたらきっと大したことはお二人でできないだろうに、どうしてそこまでしてお付き合いするのですか?」と質問すると、お二人ともから「相手の存在そのものが大したものなのです」と即答されて恥ずかしい気持ちになった。私は、「次にまた、相手に触れられるかもしれない」ことが生きるエネルギーになっている、そんなふうにまで見えた。汚いとか、そういったものとはほど遠かった。尊いものだった。

私は、講師として来てくださる皆さんへたくさん恋愛の質問もした。健常者の奥さんと脳性麻痺の旦那さん。お二人は、「ラマン夫妻」としてリング上に上がり、プロレスをしている。奥さんははじめて旦那さんを見た時、「この人が運命の人だ！」と思ったそうである。親の反対を押し切って結婚したはいいものの、熱々だったのは最初だけ。もうずっと長いこと冷め切っているらしい。運命とは何なのだろう……。

真下貴久さん・佑佳子さん夫妻。旦那さんは三十代でＡＬＳを発症されてもう三年。べたべたしすぎるわけでもなく、でも奥さんが、「しょうがないなあ〜」という感じで旦那さんに寄り添う姿がとても素敵で、私が思う理想の夫婦のうちの一組である。でも、話を聞いてみると「出会いは、たまたま行ってみた飲み会だよ」と言われてみたり、ＡＬＳを発症する前は、旦那さんの仕事が忙しくてご飯を一緒に食べることもなかったと言う。運命の人とは一体なんなのだろう……。

岡部宏生さんには、何度も恋愛相談させていただいた。岡部さんには、いろいろな素敵な言葉をいただいたのだけれど、ここではその相談内容自体よりも、なぜ私が岡部さんと何度も恋愛相談することになったか、したいと思ったかについて綴ることにしたい。

私は、岡部さんとお話しするのがとても好きだ。私は小さいころからパソコンの遊びから芥川龍之介や夏目漱石などの有名な物語、ちょっとした歴史の質問にもなんでも教えてくれた祖父が大好きであったし、専門が世界史で世界各地を旅行していろいろなものを知っていて、さらに物理や数学にも詳しい高校時代の担任の先生も好きで、今でも連絡を取り続けている。そういった感情と似たものを私は岡部さんに向けていた。

私は、いつも前のめりで岡部さんの言葉を一文字一文字をつかみ取るように待っている。岡部さんの紡ぐ言葉は、とても温かくてやさしくて、でも私の奥底をグサッとつく。また、今まで知らなかった岡部さんの新しい一面も垣間見える気がして、なんだかとても嬉しい。

「岡部さんはたくさん恋愛してきましたか?」と聞くと「量じゃなくて質でしょ〜」とはぐらかされ、でも同席していた岡部さんのお姉さんが「宏生はモテたよ〜バレンタインの日なんかはね……」なんて言ったり。岡部さんはもうほとんど筋肉が動かないのだけど、そんな話をしている時、心なしかニヤッと笑っているように見える。

ここで少し立ち止まって考えてみる。私は、「よく恋愛のことでそんなに悩んでいられるよね、こっちは単位のこととか、もっと他のことで頭がいっぱいだよ」とよく友達に言われる。自分でも、なぜこんなに恋愛に執着して悩めるのだろうと思う時もある。しかも、私は小さいころから家族や友達に愛されて育ってきたのに。

大学の単位や人生のことで頭を悩ませることもあるけれど、私にとってそういう問題は、一定期間自分の頭を使って考え込めばいずれ納得のいく答えが出せることだと思っている。でも、恋愛はそうはいかない。いくら自分の中で考え込んでまた大多数の人が納得してくれる答えを自分が導き出したとしても、二人の関係性の中で正しくなければそれは全く意味をなさない。そして、突き詰めてみると、「何者でもない自分への焦燥感」「運命の出会い・人」「性の問題」、どれも根源的には同じところから湧いてきているような気もしてくる。それは、自分が「代替可能な存在」になってしまうことへの恐怖心や抵抗である。

誰とでもできる、交換可能な会話を今この時間を割いて目の前のあなたとする必要ってあるのだろうか。私はその人としかできない会話を今という時間を使って築きたいと思うし、そうじゃないものに魅力を感じられない。「性」の問題も性的なことそのものに嫌悪感や戸惑いを感じていたというよりも、性の特性上欲望と結び付きやすいために「あなたとだからこそ」みたいなところが抜け落ちてしまっているような気がしたからだったのだと思う。

実際、大学に入って見聞きしたものはそうなってしまっているものが多いように思えたし、逆に「添い寝介助」で目の当たりにしたものは心から素敵だと思えた。

しかし、私は臆病者だ。岡部さんはＡＬＳ協会の会長で、全国の患者さんのために日本中を三百六十五日飛び回っている。毎日毎日たくさんの人と出会っている。でも、私が岡部さんに恋愛相談してお話しする時、岡部さんはちゃんと私を見て話しをしてくれている。岡部さんと私だからできる空間が作れている気がする。岡部さんに限らず、私が魅力的だと感じる人はそういう空間をちゃんと築いてくれる。

結局のところ、その人たちは愛を与えられる人なのだと思う。私は愛を与えてくれる人に居心地の良さを感じているだけで、果たして自分は愛を与えられているのだろうか。

真面目で勉強も頑張ってきて、東大に合格した。温厚で人当たりも良いし、その場が盛り上がるようにおもしろいことを言おうとも頑張る。「期待外れだった」と言われるのが何よりも怖い。知り合いのいないまっさらな場では途端に困ってしまう。そういうものを全部取っ払った時に、果たして私のことを愛してくれる人はいるのだろうか。

「何者かでありたい」と思うのだけど、「何者かであり続ける」ことってとてもしんどくて、際限がなくて果てしないことだ。私はこれまで、「勉強ができる」だとか「留学経験がある」だとか「サークルや旅行を満喫している」だとかそんなことを指標にして羨んだり、時にはそうでない自分に悲しくなったりもした。自分自身も高校までは、「東大に合格したい」という明確な目標に向かって努力して、最終的に結果もついてきた。また、周りの人からも成績がいいだとか、人当たりがいいだとかそんな指標で評価されてきた。

でも、世の中はもっともっと複雑で、単純明快にはいかなくて、保証されていることなんて何もなくて、不確実性にあふれている。そんなわかりやすい指標で測れることなんてたかが知れているし、どこかで誰かに取って代わられる。

それよりも、その不確実性をもっと愛せるようになりたい。スパッと割り切れない今をもっと楽しめるようになりたい。現在は、不器用ではあるけれどもこのゼミや学科の研究、さらにはいろいろな人と出会って自分自身の心が動くものは一体なんなのか、真摯に向き合っているところだ。ずっと外に軸があった私にとって簡単なことではないし、気の遠くなるようなことなんだけれども、今のほうがちゃんと今を生きているような気がする。

「運命の出会い・人」についてもそうだ。私はやっぱり運命の人はいると思う。このゼミで素敵なカップルを見てきたから。でも、今までは「運命の出会い」と「運命の人と出会う」ことを混同していたと思う。「運命の人」と出会うのに、必ずしも「運命の出会い（ドラマチックな出会い）」をする必要なんて全くないのだろう。「運命の出会い」は、その劇的さ故にその人を愛する言い訳をもらえるような気がしていた。「運命の人」とは、もっとなんでもない日常の中で、じわじわと、じっくり、コトコトと、醸成されていくようなものなんだろう。やっぱりこれも気が遠くなるようなことだ。

大学二年の春に悩んでいた私は、結局大学四年の今もあれこれ考えている。けれど、漠然と枠の見えないことに対して悩んでいたのが、もっとクリアーに悩んでいるようになった気がするし、他の大多数の人が立ち止まらず適当に済ませてしまうことに悩んで、じっくり考えられる自分のことは好きだったりもする。

「何者かでありたい」「自分の芯をわかってくれる人に出会いたい」……そうしてすべて自分の方向を向いていた矢印を「自分が何が好きなのか」「何をしたら心が動くのか」……外に向けられるようになりたいと思う。そういった場で出会った人とじわじわと、じっくりと、コトコトと醸成されていく関係性は、きっと素敵なものになるに違いないし、そういうものの先に運命の人はできるのかもしれない。

恵まれすぎ

築島　綾音

「今まで、困難と言えるような困難がありませんでしたから」。とある面接での私の発言である。「これまでの人生でどのように困難に対処してきましたか」という質問への咄嗟の答えだった。それまでは、時折詰まりながらもきちんと答えを用意できた中で、最も答えに窮した問題だった。でも、この面接の中で、この一言が最も混じり気のない私の本心だったと思う。

私には、「恵まれすぎコンプレックス」がある。首都圏在住で、二人の子供はそれぞれ私立の中高一貫校に通い、トイプードルも家族の一員。それだけで、私の生まれた家庭の経済状況は容易に推し量れるだろう。そう、私は困難と言えるような困難のない、恵まれた、いや、恵まれすぎた二十年間を送ってきたのだ。

両親は、常識の範囲内で教育熱心で、愛情深く、けれども時には厳しく、「きちんとした人間」に私たちを育ててくれた。確かに母の怒りが爆発したり、大喧嘩したりすることはあったが、総じてとても仲の良い家族だろう。長期休みの度に、どこかしらへ旅行に連れて行ってくれたし、サンタさんからのプレゼントも、誕生日の豪華な夕飯も、さながらホームドラマだ。大人が自分に手をあげたことは全くない。中高時代は部活に熱中し、東大に現役合格。身体も結構丈夫で、高校三年間皆勤賞だった。大学生活にも満足している。今は大好きな恋人までいる。我ながら完璧な二十年間だなと思う。

でも、小学生のころの自分はもうすでにはっきりと「自分は恵まれているのだ」と自覚していた。その最初の発露は、小学校二年生の時の将来の夢が「国連職員」だったこと。手元に当時のクラスの自己紹介集が残っており、周りの子が将来の夢を「お花屋さん」「サッカー選手」と拙い字で書き綴っている中、私の「国連ではたらいて世界を平和にしたいです」は、異様な存在感を放っており、こんなに偉そうな子がよくいじめられなかったと感激する。

小学校四年生になり、友達二人と自分の母親が運転する車に乗っていた時、私が「〇〇ちゃんはお父さんがいないし、△△ちゃんは弟が入院してるけど、うちはなんもなくて良かった」

と言ってのけ、あとで母親に怒られた。幼いながらも、自分の内なる優越感がふと出てしまったこと、そのことで誰かをひどく傷つけてしまったことを理解し、自分の「恵まれすぎ」に恐怖とも申しわけなさともつかない強い感情を抱いたことを、今でもかなり強烈に記憶している。

そして、「恵まれすぎコンプレックス」は、密かな倹約主義につながっていく。大学入学ごろまで、私にとってお金を使わないこと、例えば、鉛筆をギリギリまで削らないこと、モノをねだらないこと、外食に連れて行ってもらっても安めの料理を注文すること、耐えられなくなるまで髪を切りにいかないこと、は、宗教上の規律か何かみたいな、自分の中で必ず守らなくてはならないものだった。それを守ることで、なんとか罪悪感から逃れられるような気がした。

「恵まれすぎコンプレックス」があるからといって、私が完璧な人間だということではもちろんない。運動や図画工作が極端に苦手で惨めな思いをした。何より、友達付き合いがなかなかうまくいかなかった。一緒にいたくもない人の「親友」ポジションになってしまったり、お弁当を食べる時に私だけ一人だったり、誰といても、誰ともいなくても、寂しさがいつも近くにあった。

たくさん劣等感を持ったし、自分ではない自分になりたいと何度も願った。でも、受験とか、部活とか、家族とか、自分を肯定してくれる装置もいつもあって、なんだかんだ寂しさに完全に呑まれてしまうことはなかった。自尊心にも恵まれた育ちなのだと思う。

大学生活は、私の「恵まれすぎコンプレックス」に大きな変化をもたらした。自分より頭がとても良く、そして勉強以外にも才能があり、おしゃれな友人たちに囲まれた。一方で、はじめて「クラス」にうまく馴染めて、まるで自分が生まれ変わったかのような気持ちになった。

でも、そんなのは錯覚だった。「恵まれすぎコンプレックス」は、半年も経たないうちに舞い戻る。家庭内不和、どうしても学校に行けなくなる、突然の連絡遮断。学歴にもルックスにもお金にも恵まれているように見える友人たちだって、何かを抱えていたりするのだ。

そんな告白を前に私は、思考停止してしまう。なんて言葉を返せばいいのだろうか。「大変だね」「いつでも相談に乗るよ」「あなたのせいじゃないよ」。あまりの空虚さに寒気がする。そして、いつも最後には意識にのぼってきてしまう、「私は恵まれすぎているから、私にはわからない」という気持ち。

そんなに、恵まれすぎ、恵まれすぎと騒ぐぐらいなら、鞄一つで世界に出てみろ、日雇いで働いてみろ、と人は言うかもしれない。それができるほど勇敢で、自分の中に一貫性があるなら、こんな悩みなどそもそも抱えないのかもしれない。「恵まれすぎコンプレックス」だからといって、暖かいお布団や綺麗なお風呂、美味しいご飯はどうしても手放せない。手放せないなら悩むなよ、と自分でも思うのに。

大学に入ってから、都内で貧困などなんらかの事情を抱える子供たちを幅広く支援するＮＰＯ法人でしばらくボランティアをしていた。最初の半年は、中学生相手に週に一度勉強を教える学習会で活動をしていた。

もちろん、学習会ではお互いによそ行きの顔をしていることはわかっていたが、ピアスを開けたギャルに「センセイ、今日化粧してんじゃん」などと言われると、「恵まれすぎコンプレックス」がなかったかのような気持ちになって、私はどんどん酔っていった。でも、心のどこかで、彼らの人生と私の人生が本当の意味では交差しないことも悟った。

例えば、彼らの周りの人間とは恋愛関係にはならないだろうと思う。単純に話も合わなければお金の使い方も合わない。大学のテキストで「階層」について学ぶよりも毒々しい実感として、彼らは彼ら同士で結婚し、彼らの親と変わらないぐらいたくさん子供をもうけるのだろうという気がした。「恵まれていない」人たちだと彼らのことを思っているくせに、彼らには彼らの生き方があるのだとも思えて、「なんでこんなに躍起になって教育の効用を説いているのだろうか」

と思ったりもした。

行政側の事情でその拠点が余儀なく解散した後、私は同じＮＰＯ法人が運営する、高卒認定資格の取得を目指す人たちの居場所事業でボランティアをする運びとなった。三回ほど参加した後、ある日マネージャーさんに呼び出され、端的に言えば、「私と彼らとの間には高すぎる、厚すぎる壁があるので学習会系の拠点に移籍して欲しい」ということを言われた。「築島さんにはもっと活躍できる場所があるよ、適材適所しなきゃね」。

高卒認定資格を目指している人たちと私とでは、私のほうが年下ということも多く、それ故のうまくいかなさもある。ただ、それよりもネグレクトも肉体労働も落ちこぼれも経験したことがなく、思うさま愛され、最高学府と言われる大学にストレートで入ってしまった私の存在は、ぎりぎりの生存を保証する居場所には毒だった。何より、私自身が言いようのない居心地の悪さを感じていた。

この居場所を支援するのにもっと適した人は確実にいる。この出来事を消化していく中で、自分にはできないことがあり、できないことにまで義務感を覚えることもないのだ、と少しずつ納得していった。

わかり合うことなんてできない。自分の幸福に罪悪感を覚え、将来は人を助けることを仕事にしたいと願っていた「恵まれすぎコンプレックス」の小学生は、分断を乗り越えることなんてできないし、できないことにまで罪悪感を抱くなんて奢っている、と「恵まれすぎコンプレックス」を克服した大学生になった。

でも、本当に克服していたのだろうか？　本当に克服していたのなら、「障害者のリアルに迫る」という言葉に惹かれたりするだろうか？

このゼミを受講する直前の夏休みに、ＡＤＨＤを持っているという人と知り合う機会があった。「自分ではどうしようもない障害」なのだから仕方がないとは思っても、実際に彼女と出かけたり心地良く過ごしたりすることは骨が折れた。さらに、私の中の分類では彼女は間違いなく「恵まれていない」部類に入るのに、私は彼女をわかりたいとも、救いたいとも思っていなかった。彼女との関わりをなんとなく避けている自分がいた。

「恵まれすぎコンプレックス」なんていうと、ブッダみたいだけれども、実際はただの承認欲求と差別意識の塊のような気がする。「恵まれすぎコンプレックス」は、要は特定の人に愛されたいということなのだ。もうすでに十分愛されているはずなのに、分断の向こう側にいる人にも愛されたいという欲深い考えなのだ。

居場所ボランティアを辞めた後に残った拗ねた気持ちを語ると、ある人は、「わかり合うことをあきらめないで欲しいな」と言ってくれた。でも、私にとってわかり合うことをあきらめることは、治し方を知らない他人の傷に無神経に触り続けないための最低限のマナーに思えた。

ずっと小脇に抱えていた気持ちが「コンプレックス」という名前を得て、アイデンティティの表舞台に出てきたのは、つい最近の出来事だ。「恵まれていることの罪悪感」「人の役に立ちたい」「わかり合えないことの寂しさ」という糸たちが同じ縄に綯られていくのは、このゼミの運営に関わるようになってからである。

打ち合わせのために学生食堂に集まっては、運営の同期で飽きもせずお互いに自分語りばかりした。クラスやサークルの仲間ではしゃぐ一、二年生たちの間に埋もれて、私はこの気持ちをわかってもらうことを驚くほど希求していた。

「自分は何も苦労していないから依存や摂食障害になる人のことがわかるなんて言えない」と言うと、ある同期は、「自分にもそういう、恵まれている立場なのに症状を訴えていいのか、という気持ちがあったから、自分の苦しさに気が付くのが遅れた」と言う。「築島は、自分の中の当事者性を見ないようにしていないか。もし、何かの当事者性が見つかってしまったらちゃんと受容してやって」。そんなこと言われてもピンとこない。

その同期が、「自分がうつになるなんて甘えだと信じ込んでいたから苦しかった」というのは受けとめられる。でもでもでも。私は、どんどん拗ねていく。自分のどこを探してみても、決定的な痛みが見つからない。


思えば、運営の同期はみんな「持っている」。車いすや補聴器や不登校の経験や軽いうつ病などを。そういう、人の「不幸」な要素を見つけ出して、ラベリングするなんて考え方、○○ちゃんと△△ちゃんを傷付けた小学生の自分と同じじゃないか。

私は、何がしたいんだろう。自分が唯一「持っている」と盲信している「恵まれすぎコンプレックス」にすがっていたいのか。自分だけが理解されないし理解できないなんていう陳腐なことを思っているのだろうか。もう、何もかもがよくわからない。こんなこと考えなくてもやっていけるはずなのに。普通に課題をこなして、普通にご飯を食べて、普通に卒業して、普通に就職する人生には、いらない考えのような気がするのに。

私は、「挫折経験が大事だ」「失敗が人を強くする」といった言葉をずっと恐れてきた。居場所ボランティアは挫折かもしれない。サークル活動で、自分の大失敗故大迷惑をかけたこともある。でも、それは就活ではアピールできるかもしれなくても、なんだか本質的には違う気がする。概ね順風満帆な自分の人生を肯定するために、いつの間にか「恵まれすぎコンプレックス」というアイデンティティを手放せなくなっていた。

私はゼミの運営に参加した後、はじめて大勢の前で「恵まれすぎコンプレックス」の話をした。声が上ずって、話しながら自分が勝手にどんどん興奮していくのがわかった。大きく頷きながら、「わかります」って言ってくれた人がいた。帰りがけに、「めっちゃわかります、私にもあります、幸せコンプレックス」と言ってくれた初対面の人がいた。その時の純粋な共感と安心感は、忘れられない。

それでも、私と「恵まれすぎコンプレックス」の関係が固まることはない。「恵まれすぎ」という感情が自分にとって大切な原動力だと思う日も、そんなのは自分が生み出した虚構にすぎないと思う日も、そもそも「恵まれすぎ」と思わない日も、ある。「恵まれすぎコンプレックス」について書けば書くほど、「本当の気持ち」に蓋をして、綺麗な作文を作っているような気がする。私が私を理解する日は来るのだろうか？

私にとって、ゼミで出会うゲスト講師の方々は、一期一会の、現れては過ぎ去る人たちだ。

みんなそれぞれに魅力があるが、正直なところ、「人生を変える」ような出会いはなかった。同じ社会という意味ではともに暮らしていたとしても、私は彼らの下の世話をしたり、アディクションで自分のお金を使い込まれたりはしない、という意味で、あくまで他者だ。でも、というべきか、だから、というべきか、ゼミは楽しい。

私の好きなものの一つに、ライフヒストリーがある。なぜか幼少期から偉人の伝記が好きでたまらない変わった子だったのだが、大学に入ってからも、国際交流団体で出身地によって大きく変わる価値観（あるいは裕福な大学生ということで共通している価値観）に触れる、だとか、ラオスからの難民が定住するコミュニティで今までの経緯を聞きとる、だとかいうことにわくわくしてきた。その意味で、ゼミは私にとって金銀財宝がザクザク出てくる宝島だ。

気になった記事、口ずさんでしまう歌詞、好きな作家の美しい一節。趣味らしい趣味のない私がここ最近はまっているのが言葉の収集で、A五版のノートに、論文のかっこいい一文から友達の何気ない一言まで、少しでもいいなと思うと書き取っておきたくなる。

はじめてゼミを受講した学期に収集した言葉たちを、この原稿を書くために引っ張り出してきたのだが、原稿そっちのけで読みふけってしまう。たくさんの物語、たくさんの言葉。

岡部さんには名言があふれんばかりにあるが、私のお気に入りは、ＡＬＳを発症した時に友達に片っ端から「死んだと思ってくれ」と連絡し、そのあと返信もしなかったという話だ。丹野さんの回のメモでは、「私がみんなのことを忘れても、みんなが私のことを覚えていてくれる。それでいいんじゃないか」が、存在感を放っている。今井雅子さんの、「夫の手術を待つ四時間の間、助かって欲しいと思う反面、半分は『ダメだったら誰にどの順で連絡しよう』と淡々と考えている自分がいた」という語りには息を飲んだ。

「恵まれすぎコンプレックス」を抱えながら、毎週ゼミの教室にやってきて、ノートに言葉を収集する。それは、わかり合いたいからだとか、講師は苦労してきた人たちで人生のお手本なのだからだとか言われると、ちょっと違う気がする。もちろんそういう要素もあるけれど、私はゼミの空間にただわくわくしている気がする。教室が言葉と物語にあふれてきらめいているので、ノートとペンで捕まえて、眠りにつくまでその明かりを眺めていたくなる。それだけだ。それ以上でもそれ以下でもない。そして、それがとても楽しい。

追憶の彼方から

池内 陽彦

障害について語るなんてできないし、したくもない、ほんとうは。どんなふうに語ってみせても、たくさんの人に置いていかれて、同時にたくさんの人を置き去りにしてしまう気がする。抱えている困難も程度もさまざまで、例えば、目に見える形で現れるからこその困難もあれば、目に見えないからこその困難もある。向き合い方も人それぞれで、似たような障害を持つ人でも、ほとんど正反対の生き方を正しいと信じているなんてこともあるだろう。

僕のココロの奥深くには、「他者を肯定したい」という思いがある。なんて良いヤツだ。その思いを支えるように、他者に対する無関心と、自分自身に対するあきらめが脈うっている気がする。

僕の日常は、一回性の出来事にあふれている。それに否応なく向き合うことが、今まで僕にとって自分自身の障害を生きることであったように思う。その場の状況を含めた他者と、名前を聞くでもなく、顔を覚えるでもなく、一度きりでかかわり、すれ違う。不慣れな環境で置いていかれる孤独も、人とつながる心地よさも、息苦しさも。その場で生まれる感謝もいらだちも自信も無力感も、どれもがキョーレツに僕のもとに現れては消える。

それらの感情のどれか一つにすがりついてはいけない、そのうち裏切られてしまうから。どれだけ自信をたくわえてアタマの中の健常者、普通を追い求めても失敗するし、どれだけ無力感に浸っても、全てを投げ出してしまう前に心地よい優しさに救われる。

まず歩くことが難しい。上半身については、パッと見たところ普通に見えるが、それぞれの指を独立に動かしたり、手のひらを返したりすることがスムーズにできない。からだは常にある程度緊張していて、どこかの部分を動かそうとするとほかの部分も緊張してしまう。何かを速くうまくこなそうとすると、緊張が強くなってかえってうまくいかない。そのくせ、強い緊張を保ったままその動作を続けていると、ふっとからだがほどけることもある。刺激に対して強く反応してしまうから、大きい音がなったり、熱いものにさわったり、そのほかふとした瞬間に、からだ全体で自分でもこっけいなくらい大げさにビクっとからだが反応してしまう。残念なことに、からだの成長にともなって筋肉はよりかたくなってしまうらしい。ほんとうはもっといろいろあるだろうが、実感をもって語ることができるのは、こんなところである。

改めて、元気があるんだかないんだか、言うことを聞かないマナーの悪いからだである。僕がからだの言うことを聞いたり、からだをなだめてやったりするわけだ。ちなみに、会話が進んだり人に心を許したりすると徐々に緊張が和らぐのがはっきりわかるから、自分でも面白い。できれば、初対面の人とはベッドに寝そべった状態で話しがしたいなあ。

次に、今の僕の、自分自身の障害との関係性について触れておきたい。一言で言えば、今までになく心地良く、うまくいっている。東京での一人暮らしという点でも、大学生活という点でも、ひととおり試行錯誤をくり返して、自分でできること、工夫が必要なこと、人に頼むべきことなどが区別できるようになってきた。日常の場面で関わる人々とのコミュニケーションも熟してきて、助けを借りるにしてもお互いに勝手がわかってきてスムーズに進むことがだんだんと多くなってきた。

「歩けない、こわばってしまうからだ」としての障害に向き合うことに、今より多くの時間を費やしていたころには、自分の選択をせばめてしまう健常者との間にある壁にすぎないと思われた「わたしの障害」は、今の僕にとっては、リアルゼミや車いすソフトボールという場を得て、かつての自分には想像もできなかった広くて豊かな関係性の起点になっている。

こんなふうに障害とうまくやっている今の僕が、障害についていい文章が書けるとは思えない。それは裏を返せば、「わたしの障害」と正面から向きあわざるをえなかったかつての自分自身の「痛み」や「悩み」について懐かしく思い、忘れかけた今なおそこに何か失ってはいけない何かがあったのではないか、今の自分は妥協をくり返しただけの弱りきった存在なのではないか、という屈折した思いをどこか抱き続けている、ということでもある。

一人暮らしや大学生活をはじめたばかりの不慣れな環境でもがいていた僕のほうが、緊張とぎこちなさをもろに現すはればったいからだとしての障害と、社会と僕との関係の中で現れる物理的・心理的な壁としての障害とを、切実な問題として両方抱え、怒りと無力感の入り混じった感情を、今よりずっと研ぎ澄まされた言葉で自分自身に対しても社会に対してもぶつけられたように思う。

そしてさらに、うまくやっている自分自身について少し距離をとってつづることは、今まで時間をかけて築き上げてきた僕と「わたしの障害」との関係が、環境が変われば簡単に崩れてしまうということを自覚することでもある。

それは同時に、僕が「車いすに乗ったわたし」＝「時間をかけて自立し、社会とのかかわりを広げるわたし」＝「わたしの上半身」をたくましくすることに精一杯で、意識的にも無意識的にも目を背けてきた「車いすをおりたむき出しのからだ」＝「リハビリで維持されてきたからだ」＝「わたしの（おもに）下半身」の変化や衰えに、近い将来今よりずっと根本的な形で向き合わなければならないだろうと気づくことに他ならないのだ。

この原稿に何を書くべきか思いをめぐらせている時、今年のゼミの一人目の講師として、熊谷晋一郎先生のお話を聞いた。熊谷先生は僕と同じ脳性麻痺という障害の当事者で、大学の先輩でもあり、大学から一人暮らしを始めたというから、共通点が多い。先生には言葉を交わさなくても見透かされている気がする。

先生が自身の学生時代について語った授業の最後で、先生が学生時代、親元から離れて自信に満ちていたころ、脳性麻痺の先輩から「あまり無理するなよ、三十代から衰えがやってくるから」と言われ、今になってその意味がわかるとおっしゃっていた。実際、鉛筆を持つことや着替えることがかつてと同じようにはできなくなってしまったという。

それまで共感することばかりで、興奮気味にお話をうかがっていた僕は、とにかく怖くなった。

かつて先輩の話を聞いた熊谷先生が今度は先輩になって、不安な未来が訪れることをはっきりと告げていた。「車いすを下りたむき出しのからだとしてのわたし」がゆっくりと犯されていくことを……。

僕は、三歳のころ最初の手術をして、その後半年ほど愛媛の整肢療護園に入院した。そのころの記憶はほとんどないが、手術直後、自分が両足太ものところまで黄色いギブスをはめていたこと、そこで車いすをこぐ練習をしたこと、面会に来た家族が自分をおいて帰ってしまい泣いたこと、退院の当日に写真を撮った時、形容しがたい解放感を感じたことは覚えている。その後小学校三年生まで、松山の先生のもとに通った。祖母と一緒に松山に行き、午前中と午後の二回、それぞれ一時間半から二時間リハビリをした。

股関節を広げたり、あぐらをかいて足首を刺激したり、独歩の練習をしたり、はじめてのころは痛くてしかたがなかったけれど、その痛みにたえれば心地よい時間がやってくることを身体が覚えていく。今でも記憶に残っているのは、リハビリを終えてほどけ、なめらかな身体で心地良い疲れを抱いて車の中で聴いたビートルズだ。そのまま眠りに落ちてしまったり、二、三時間経ってしまったりすればその感覚は失われて元のからだに戻ってしまっている。リハビリの後の心地よさは、まるでA Hard Day,s Nightのアウトロのように過ぎ去っていく。

松山に行かなくなってからも、「わたしの（おもに）下半身」＝「からだとしてのわたし」に時間をかけて向き合う日々は続いた。小中学校では杖や歩行器を使って歩いていたし、毎日階段を往復していた。放課後や休日には、地元の病院、温水プール、ジム、岡山の施設など、時期により場所はバラバラで、大きくなるにつれて頻度も低くなったけれど、定期的にリハビリに通った。

中学校までは、学校にもリハビリにも遊びに行くにも毎日車に乗せてもらっていたから、他の人に比べてきっと外の世界の経験は少なく、風景は人と比べて乏しかったに違いない。思い出されるのは、やはり車の中だ。学校やリハビリに向かう緊張感や、一日を終えて少しほどけた心地良いからだの感覚が、流れていた曲とともに思い出される。母の車で流れていたレミオロメンは、しばしば「僕ら」を主語にしてねばる声で情景豊かに言葉を紡いでいた。遠出の時に乗る父の車では、八〇年代の洋楽ポップス、ユーミン、竹内まりや、ＹＭＯなんかが流れていた。

今につながる転機は、中学校三年生の夏休みだ。そのころの僕は、左足のかかとが浮いてしまうのが少し気になるが独歩ができて、リハビリの後であれば左足のかかともつけて歩くことができるというような状態だった。成長がとまったであろうからと二度目の手術をして、同時に新しい車いすを買った。その車いすに今も乗っている。この車いすに乗って高校生活を始め、自力で下校するようになったのが、今の一人暮らしにつながる自立の第一歩だった。

外の景色を少しずつ獲得していった。この車いすに乗った僕が行動範囲を広げることで、「社会とかかわるわたし」＝「わたしの上半身」はだんだんとたくましくなって、今では東京に出て一人暮らしをしている。この車いすに出会ったばかりのころには思いもつかなかったほど世界が広がった。一方で、「からだとしてのわたし」＝「わたしの（おもに）下半身」は、二度目の手術後も成長してしまって、すぐに手術前の状態に戻ってしまった。高校の中も車いすで移動するようになり、リハビリに通う頻度も少なくなった。

そして、東京に出てきてからの僕は、ほとんど「からだとしてのわたし」を放ったらかしにしてここまで来てしまった。車いすをこぐ時にもしっかり踏ん張って力を生み出していた両足は、今では収まりが悪く力を分散するばかりだ。お尻も両足も痩せてしまって、今では独歩はおろか、杖をついて歩き続けることもろくにできない。つかまり歩きをすると、両足つま先立ちのような格好になる。しっかり足を上げて登っていた階段は、今では手すりを使って自分のからだを引きずるようにしか上り下りできない。かつては手すりがないトイレでも手を離した状態で立位をとって用を足すことが難なくできていたのに、今ではトイレに「ダブル・ファンタジー」の覚悟でもたれかからないといけない。

冒頭で障害に対する向き合い方は人それぞれだと書いたが、僕自身、今の車いすとの出会いを境にしてほとんど正反対ともいえる向き合い方をしてきたのだ。

「障害」そのものだけを通して安易に理解し合おうとしたりしても、当事者にとっても、周りの人にとっても、顔も名も知らない人にとっても、固有の障害とその経験は共有できない。結局、私たちはとうていわかり合えそうもない他人同士に過ぎないという残酷な事実が現れるだけだ。教室という場で物語が交差する。僕は「その人らしさ」を感じながらお話を伺っていた。「失いながら生きながらも変わらないもの」とでも言えるのだろうか。

大学時代馬術部に所属し幹事長として大会を仕切り、仕事熱心で独立までした岡部さん。そんなリーダー気質の岡部さんが今は後に続く仲間の為にあちこちを飛び回っている。営業の仕事で小さな努力と工夫を重ねた丹野さん。記憶が奪われてしまうことは残酷だけれど、その姿勢が仕事を続けるための工夫として今も生き続けている。青春時代を武道館の近くで過ごし、ビートルズ来日の熱気と興奮をその場でその目で感じ取った今井さん。障害を負った後ポール・

マッカートニーの来日公演をきっかけに友人と一緒に楽器を手に取ったこと。今井さんは僕がビートルズの話をすると、「ハロー・グッドバイは知っているかい?」と言って指でドラムのリズムを刻んで見せた。

物語は自分自身とも他人ともつながって生きる術だ。

今の僕と、「わたしの障害」との関係は、そのうち失われてしまうに違いない。学生を終えて社会人になる時、環境がガラリと変わって、「社会とかかわるわたし」は物理的・心理的な壁としての障害にふたたび向き合うだろう。それが一度に押し寄せてきて、孤独に沈むだろう。「からだとしてのわたし」はこれからも着実に衰えて、できないことも出てくるかもしれない。そのような変化はやはり怖い。

でも、そのような変化はきっと逃れられないのだろう。未来の自分が孤独に沈んだ時、それを押しつぶすのではなくて受けとめる心の余裕を持っていること、少しうまくいっている時に「風をあつめて」慣れてしまった生活の型を少し壊して、もう一歩踏み出す勇気を持っていることを願うだけだ。

僕はこの原稿と向き合う間に、思いを日々言葉にとどめておくことを覚えた。これまでの僕は一回性の出来事で生まれる感情を、強く抱きしめないようにしてきた。

今、言葉としてとどめておくことに、自由を感じている。言葉にとどめて昨日と今日と明日をゆるやかに結ぼう。自分をおびえさせるその場限りのかかわりを、迎えに行ける。自信が枯れてしまう日も芽をのこすように。言葉にとどめることを通して、自分から少しずつ僕の世界を変えていける、そんな気さえする。

ほかの人には経験できない傷をどうしようもなくさらけ出す日も。「ふつうのひと」を追いかけて疲れ切ってしまう日も。その場時限りの他者との心地よい関係に感激する日も。なんとなくうまくいった日も。僕の輪郭を少しずつ描く。無関心とあきらめから、いつかはおさらば。しっちゃかめっちゃかだ。「障害」について語ろうとする企てはやっぱり失敗だった。

僕は他者を肯定したい気持ちを持っている。この文章で、たった一人でも、心を軽くしてくれたら、とささやかに願う。最後のページは白紙のままに。息苦しくなったら、白紙に戻れるように。物語のいらない無条件の肯定は、あるのだろうか。わからない。やっぱり物語は必要なのだろうか。失いながら生きているなら、刻もう。逃れられないなら、距離をとろう。言葉にならないからつらいんだ、とラクガキする。カンチガイするな、私たちはどうしようもなく他人だ。それでも、精一杯の、ヘイ・ジュード。そろそろ筆をおこう、パソコンだけど。

3章　鼎談

その後のリアル

未知の海に船出した二人と

野澤 和弘

ゼミを運営する幹事役の男子が四年生になったころ、何かに悩んでいるように見えた。夏になって「ちょっとご相談があります」というので会ってみると、卒業したら福祉の仕事をしたいという。大企業の内定は断った。それが御代田太一君だ。

ＬＧＢＴなど性的少数者のことを大学院で研究するつもりだったが、気が変わって、福祉の世界で修行をする道を選んだ後輩がいる。三年生の秋に「男子」になる手術をしてから、自分自身のことよりも社会に目が向くようになったという。それが今井出雲君だ。

二人とも極めて優秀な若者だ。もしも二人が「障害者のリアルに迫るゼミ」の教室を訪ねなければ、その進路は全く違うものになっていたはずだ。ゼミでは薬物やアルコールの依存症、罪を犯して刑務所に入った障害者、ホームレスなどの当事者も教室にやって来る。そうしたゲスト講師たちとも出会うことはなかっただろう。

人生は「出会い」と「タイミング」によって変わっていく。いつ、どんな人と出会うかで、自分という楕円形のボールが転がっていく先は違う。いや、同じ出会いでも、それが心に響く人もいれば、そうではない人もいる。

彼らは未来に起きるであろう何かを感じている。その若い知性と感性が、私のような世代にはわからない風を感じているのだと思う。そんなことを思いながら、未知の海に船出をしたばかりの二人と語り合った。

野澤……野澤 和弘・「障害者のリアルに迫るゼミ」をゼミ開講から五年間担当。毎日新聞論説委員。

御代田……御代田 太一・二〇一七年度東京大学教養学部卒業生。ゼミ二年目から三年間運営に携わる。ゼミの活動や現場での体験から、滋賀県の社会福祉法人への就職を決め、二〇一八年四月から県内の救護施設にて勤務。

今井……今井 出雲・二〇一九年現在、東京大学文学部四年。ゼミには二年目から顔を出す。現在二回目の休学中で、千葉県内の複数の障害者福祉関連の法人で実習生として勤務。

登りつめた先の空白

野澤…そもそも御代田君がなぜリアルゼミに参加したのか、きっかけを教えてください。

御代田…少しさかのぼると、高校時代は全く福祉や障害について興味も知識もありませんでした。わいわいがやがや運動部に入って行事にも全力で打ち込むような、目立つタイプの学生でした。そのまま高三でガーッと勉強して、東大に現役でなんとか入ったんですが、その時点で自信満々というか、万能感にあふれてて。大学内には高校の同級生も多かったので、怖いものなしで、東大でも覇権《はけん》を握ってやろうくらいの勢いでした。サークルは、ハーバードの学生と交流する団体に入りました。選考で選ばれた一年生が、一年間かけて一から交流の企画を作りあげる団体で、自分は代表をやっていました。

野澤…東大の中でもトップクラス？

御代田…ある面ではそうですね。モチベーションの高い子たちが集まるサークルだったんですが、一年完結なので、二年生の六月には終わってしまって。いきなりスケジュールがぽっかり空いて、周りの多くは、じゃあ次はこのサークル入ろうとか、学部のゼミを頑張ろうとか、次の活動を決めていたんですけど、自分は全然決めていなかったんです。そのタイミングで突然、なんで自分は生きているんだろう、って思って。その時にふらっとゼミに行ってみたという感じです。

野澤…日本の子供たちは誰もが学歴社会の

上り坂を意識もせずに競争させられているみたいなところがある。それは私たちの世代でも一緒ですよ。東京大学は上り坂の最高峰だよね。でも、登りつめたあとには何をやっていいかわからないという「空白」が待っている。なんで生きているんだろう、と悩み出す。そして、人生を誤る（笑）。御代田君の場合には、空白期に出会ったのが「障害者のリアルに迫るゼミ」だった。はじめて授業に来た時はどんな感じだった？

御代田：最初の授業の話は正直あまり覚えていないんですが、教室内の不思議な雰囲気が印象に残っています。二回目の福島智先生（＊1）の授業を受けた時にすごいインパクトを受けて。福島さんのことは全然知らなかったですし、目が見えない人や耳が聞こえない人に会ったこともなかったので、まず講義の内容どうこうより、福島先生の存在自体が衝撃で。今では福島先生とお会いするのにも慣れたのでそこまで考えないですけど、その時は何も聞こえていない何も見えていないっていうのはどういう気持ちなんだろうとか……意味がわからなくて。この人が生きているってどういうことだろうって考えていました。

＊1　福島 智／東京大学先端科学技術研究センター教授。専門はバリアフリー分野。世界ではじめて常勤の大学教員となった盲ろう者。

野澤：御代田太一の人生の中では、会ったことのないタイプ。それで何か君の中で扉が開いた感じがした？

御代田：そうですね、そのあとの授業や懇親会にも行くようになりました。居場所というよりは、障害を持っているいろいろな人と会えるっていうのがまず魅力的で。その結果、集まってきた仲間たちとの空間も一括してすごく魅力的でした。

野澤：私にとっては一年間でもうゼミは終わりだと思っていた。ゼミを立ち上げた学生がみんな卒業したから。でも、一年目のゼミを受講した学生たちが「次の年もやりたい」と言い始めて、その中に御代田君もいたというわけです。

御代田：知り合いだったゼミ生に誘われたのがきっかけで。ゼミを受け始めてから、自分でもいろいろな障害者の書いた本や映像、例えば「べてるの家」の本とかも読み始めて、ゼミ運営すれば自分の呼びたい人を呼べるし、こんな楽しいことはない、と気付いたんです。二年目で一番呼びたかったのは「べてる」（＊2）の関係者と、あとALSの方も。テレビでほとんど体が動かなくなってしまっているALSの方の映像を見て、野澤さんに相談したら、「岡部さんっていう方がいるよ」って教えてもらって。他に、元ハンセン病患者の森元さんは僕が推しました。

＊2　べてる／「社会福祉法人浦河べてるの家」。一九八四年に設立された北海道浦河町にある精神障害等を抱えた当事者の地域活動拠点。

野澤：そういった人々は、不思議な世界を持っていて、感性がとても刺激されるというのはわかる。東大生としての知性、知的な好奇心という点ではどの辺に興味を持ったのですか？

御代田：いろいろな問いを、否応なく突き付けられたところですかね。自分とは全く異なる境遇を生きる講師陣を前にして話を聞いていると、最初は相手のことを知るために聞いていたのが、気付けば「お前は一体誰なんだ？」と自分が問われている気になるんです。その雰囲気の中で、自分の脳みその中の扉が毎回少しずつ開いていく感覚が緊張感はあったけれどとても心地良かったんです。あとはそれぞれの講師の障害が気付かせてくれることもたくさんありました。例えば福島さんを前にすると、目も見えず耳も聞こえない空間を生きていて、指先からの一文字一文字の言葉を頼りに生きている。そんな福島さんにとって、言葉って一体なんだろうとか。視覚障害や聴覚障害の人に会って、お酒を飲むと、それぞれ全然人間に起きている状況も違っていて、その壁を乗り越えた先に何か心の持ちようとかも変わっているんだろうなと思ったり。統合失調症の人を前にすれば、妄想とともに生きるってどんな感覚なんだろうとか。そんなふうに、今まで考えたこともなかったような問いがどんどん湧いてくるんです。その結果、それまで考えることのなかった人生の豊かさや、感情の機微に気付けるのも魅力かなって思います。

開いていく扉

野澤：今井君はどうですか。最初はどこでゼミのことを知ったの？

今井：自分もシラバスですね。大学入って、うまく馴染めなかったんです。高校でも自分がトランスジェンダーだって意識してそれなりに悩んではいたんです、身体のこととか。でもそこまで気にしないで済んでいた。中高が女子校で、自分の立場を作ってそれなりにうまくやれていたのが、男女が共存してる空間に入って突然崩れちゃった。なんでこんなに性別で分けられなくちゃいけないんだと、自分はすぐに嫌になっちゃって。何よりも人とのコミュニケーションがうまくいかなくて。そもそもコミュニケーションの前提として、性別があるように思えていたんです。今思うとただの強迫観念なんですけど、性別が確立していない自分は人と交流しにくいのかなと思っていたので、コミュニケーションの場から逃げ出していました。それに東大生、意外と大したことないし、授業もつまんない。それで入学してすぐ、一年休学することを決めて。バイトしてお金を貯めて、海外をフラフラいろいろなところを回ってきて、でも別に収穫というか、やりたいことも結局は見つからず。

野澤：はじめて今井君を見た時に、「テロリストのような目」をした学生だなと思った（笑）。孤独感とか疎外感のようなものがあったせいかな。

今井：世界はなんで自分を認めてくれないんだろう、絶対おかしい、みたいな被害者意識で、常に周囲の人を睨み付けていました（笑）。フラフラ旅行して戻ってきてもあんまり状況も変わらず、友達もできないまま、被害者意識を持って大学生活を送っていた中で、シラバスを見ていたら「障害者のリアルに迫る」という文字が目に入って。自分もマイノリティだと思っていたので、おもしろそうだなと。でも、簡単に「リアルに迫る」とか言ってんじゃねえぞってのも思いました（笑）。実際、最初のガイダンスで障害者のことなんてわかってないじゃねえかと。本当のリアルは本人しかわかんねえんだぞみたいな（笑）。でもゲストはみんなおもしろそうだし様子を見てやろう、くらいのノリで。

野澤：今井君はいつもすねたような感じで、前の方に座っていた（笑）。今井君の心を掴んだゲスト講師は誰かいましたか？

今井：誰というより、教室の空気がすごい不思議議で、いたいなあと思えるようなところがあって。教室入ると、なかなか普段時空を共有できない人が前に座っている。日常では避けていた人が前にいて、自分たちも逃げられない。ネガティブな意味ではないんですけど、異様です。時空が歪んだみたいな、自分も覚悟を持って踏み込まないといけないけれど、それでいてなんでもありの教室の雰囲気が。

野澤：例えば、障害者の入所施設を訪ねる時は、私は無意識のうちに身構えている自分を感じる。それは、施設で暮らしている人たちが外部からの侵入者に対して警戒している空気があるからかもしれない。教室は普段の君たちの世界だよね。自分たちの日常が違うものに侵されているような感覚があるのかもしれないね。

今井：最初は批判的に見ていたんですけど、ゼミの異様な雰囲気にギョッとしながら同時に安心していたっていうのはあります。あの教室でいろいろな人が自分のことを話して帰っていくのを聞いていると、ゲストの話は壮絶だったりしてびっくりするんですけど、こういう人も同じ世の中に生きているんだな、という安心感というか。変でもいいんだという安心感、自分だけじゃないという。全然知らなかった人たち、自分とは別の世界に住んでいると思った人たちが、同じ人間として生きているんだと。

野澤：最初は学生たちそれぞれが妙に尖っていて、斜に構えた感じでこのゼミに来る。でもみんなどこかで居場所のなさ、寄る辺のなさみたいなものを漂わせているなあと思った。特に運営側になってくれる学生たちとは密に付き合うようになるからわかるのか、みんなそうでした。「障害者のリアル×東大生のリアル」を読んでくれた人からは「イメージしていた東大生と全然違う」という言葉をよく聞きます。このゼミに来る学生が異質なのか、それとも東大はだいたい君たちみたいな感じの学生が多いのか、どっちだろう？　人生について何も疑問に思わず優等生のまま官僚になっていく人もいるよねえ。

御代田：そういう人もいるかもしれません。僕らの活動に理解を示しながらもやっぱ、自分は全然そんなことはする気にならない、というような。

野澤：それまであまり疑問を抱かずに、受験競争に勝てば嬉しいし、そうやって勝ち上がってくるわけじゃない。でもこれからの人生そうではないのだってことがわかった時に、ぽっかりそこに穴が空いている。それは東大だけじゃなく、だいたいどの大学でも優秀で真面目な学生ほど虚ろな心をしているのを感じる。

御代田：わかります。特に学部三年目ぐらいになると、大学入った時の万能感がもうなくなってきて、実際に人生の選択を迫られて、就活のリアルな選抜もあってどんどん虚ろな雰囲気になっていく。自分はなんで生きているのかとか、どう生きていくんだろうとか、手がかりがゼロで問いに立ち向かわないといけない。足場を失う感覚。今まで使ってきた、目的のために何をするかみたいな考え方じゃどうにも太刀打ちできないんですが、ゼミで障害のある人の話を聞く時は、全然違う。想像しない角度から、リアルな生き方として具体的にいろいろな可能性を見せてくれるので、こんな生き方があるんだっていう扉がどんどん開いていって、その度に救われるという感じがありました。

制約があるから自由を感じられる

野澤：岡部さんは君らと正反対じゃない？君らは健康で若くて、頭はいい。制約されるものは何もない。岡部さんは頭がいいのは君たちと同じだけれど、何をするにも身体的には自由が利かない。それでも岡部さんの精神は世界を自由に飛び回っている。それに比べて、君らはできないことはないはずなのに、精神的には全く不自由に思える。コントラストがあまりにも強烈すぎて、岡部さんの内面の宇宙の無限さに目が眩んでしまう（笑）。

御代田：確かに、学生はまだ人生選んでないし、客観的には何にでもなれる。でも選択が自由すぎて逆にそこに溺れている感じで、結局何もできない。「社会」って突然大きすぎて、何を選んだらいいのかわからない。

野澤：東大生たちは優秀な頭脳を持っていて、若くて、将来これになりたいと思った時に、ほぼ何にでも通用する「プラチナチケット」を持っているわけです。でも主観的にはなんにもできないと思っている。そのギャップはなんなのだろう。私も新聞記者になって、海外特派員をやりたかった。なんでもできるという感覚もあった。総理大臣だって誰だって、新聞記者の名刺を持って取材に行けば会ってくれる。会えなかったとしても、少なくとも不審人物ではないと誰もが納得してくれる。でも、新聞記者になって四年目に生まれた長男に障害があることがわかってから、海外特派員の道はもうないなと思った。当時は障害児の福祉なんてほとんどなくて家族が何もかも背負わなければいけなかったから。しかし、「できない」という選択肢が自分の中に重りとして入ってきたそのころから、自分のやりたいことやできることが明確になってきた。それまではなんでもできると思ったけど、実はなんにもできなかった。できないというリアルを自分に抱えて、はじめて「できる」というリアルが見えてきた。私自身も大学に入学した時はなんでもできると思っていたから意気揚々で有頂天だった。あれが私の人生の絶頂期（笑）。でもあまりに自由すぎて、何をしていいかわからず、いつの間にか奈落の底に落ちていった。だから君らを見ていてもすごくわかる。なんにも迷いを感じずに学歴社会を登りつめて、その勢いとメンタリティを維持できる人って、何か怖いなあって思う。でも周りにはそういう学生はいる？

今井…いることにはいます。でもみんな、ある程度あきらめがありますよね。お金稼いで安泰に生きられればいいから、興味はそこまでないけど給料のいいところに就職しよう、みたいなあきらめを周囲から感じます。

野澤：「依存できるものがあるからこそ自立できる」という、熊谷晋一郎先生（＊3）の話がおもしろかった。依存できるものがないと歪んだ依存に走ってしまう。人間とは本質的にそういう生き物だと思う。制約があるからこそ自由をリアルに感じられる。依存するものがあるからこそ、安心して冒険できるのかもしれない。

＊3　熊谷 晋一郎・東京大学先端科学技術研究センター准教授、専門は当事者研究分野。新生児仮死の後遺症で脳性麻痺となり車いす生活を送る。

今井：ゼミに三年くらい関わってきて、自分の弱みみたいなものを出せるようになったのって、そういうお話をこれまでのゼミで聞いてきたからです。弱さがあってもいいいし、できなくてもいいんだよ、って思うことで安全な依存ができる、ということとか。自分の弱さを認める、受け入れることで自立できるんだということ、あれは聞いていてすごく響きました。だって、弱さなんて存在しちゃいけないと思っていたから。例えば、友達ができなかったなんて昔言えなかったんですよ。プライドも高いし、自分の弱みを出したらダメだと思っていたので。でも弱さがあっていいんだって、徐々にゼミで理解してきて……。だからこれまでずっと自分の悩みにがんじがらめになっていたんですけど、ほどけてきたのはゼミのおかげかな。悩みが自分のアイデンティティになっていたくらい、抱え込んで独りで悩んでいたんですけど、人に見せられるようになった。そうしたら自由になれた。

野澤：御代田君はどう？　君は別に弱みはなさそうだよね。

御代田：弱みがないとは思わないですけど、ゼミの中にいるとどうしても相対的にはいろいろ器用にこなせるので。でも、大学に入ってはじめて、自分の全能感がそぎ落とされていったと思います。高校までは中高一貫の男子校の、同質的な価値観の中で、とても居心地も良く、目立ってもいたんですけど、女性や全く違うタイプの人と大学で会って、自分が信じてきたこと、認められてきたところが相対化されてしまって。そこで自分の限界とか制約が見えてきたような。

野澤：主観的にはそうかもしれないよね。今井君がはじめて自分の弱さに向き合えたのはいつごろですか。

今井：二年目までは、ここにいてもいいんだと思える場所がゼミぐらいだったんで、居場所を求めてゼミにとりあえず行っていた。人と関わることが怖くて、懇親会も行けないような状態でしたけど、いろいろな弱さを持っている人がいるんだなと知って。私はいろいろ見返してやろうと、性別に関しても私の生き方にも誰にも文句言わせないぞって意気込んで東大に来たはずなのに、悩みに絡め取られて身動きが取れない感じで。ゲストの講師の方たちはずっと自由に、おもしろい人生を送っているなあと思った。弱いけど強いこの人たちはなんなんだと思ったりして、それで自分がちょっと慰められた気もして。このままの状態で生きてていいんだよ、って言われた気がして、それで満足して帰っていました。それ以外の時は人と極力関わらずに、ジメジメ暮らしていたんですけど。

野澤：ゲストで来る講師はどこかに身体的あるいは知的や精神的な障害のある人が多い。同じマイノリティでもＬＧＢＴとは違うというイメージは君の中になかった？

今井：同じではないんですけど、通じるものは絶対あります。違うけど、そんなに違わない。でもそれはマイノリティだけじゃなくてマジョリティもそうだと気付けたのがゼミですね。

野澤：今井君の場合は自分自身の問題でもある。どういう研究に興味があるの？

今井：いろいろなマイノリティに対する政策とか、社会運動に興味があるんですけど、そういうものって自分たちをスタンダードにしようっていう風潮が強いように思うんです。福祉って資源が限られているから、ゼロサムゲームになる。そう考えると結局誰かが排除されたままなんじゃないかと思ってしまって気持ち悪いんです。

野澤：どういうことだろう。

今井：マイノリティをカテゴリー化していっちゃうと、どこまでも分断されていって、それぞれが自分がスタンダードと言い合っているような状況があるのかなと思って。ゼミに参加して思ったのは、みんな自分の弱さを認められたい、気にして欲しい、講師だけじゃなくてゼミ生もみんなそう。違うところを突き詰めていくと、根源に同じものがあると思うんですよ。こういうところを、もっとわかりやすくしていきたい。

野澤：障害の問題の根っこのところには、一般とは「違う」というアイデンティティがある。マイナスで見るのかプラスで見るのかは別として。でもみんながみんな「違う」と言い出したら、「違う」ということすらどこかでなくなって溶けていっちゃう。そういうあり方もいいんじゃないかという気がする。福島さんが一番楽に過ごせる場所がニューヨークだと言っていた。確かにニューヨークってあまりにもそれぞれが違いすぎるから、違いを意識しなくて済む。ニューヨークで福島さんとワインを夜中まで飲んだことがあるのだけど、彼が楽だというのはよくわかった。聞こえなくて見えないはずの彼が、どうやってあの風景を理解するのかはわからないけど。

今井：セクマイ（セクシャル・マイノリティ）の集まりに行くと、セクマイという共通項で集まっているから、トランスジェンダーの人はこうじゃなくちゃいけないとか、人を傷つけちゃいけないとか、逆に生ぬるい同調圧力を感じてしまう。でもリアルゼミは、みんなそれぞれいろいろありすぎてどうでもよくなってくる、一人ひとり戦える。そういう感じにしたいんです。

野澤：障害だけではなくて社会的少数者の運動は、社会的に自分たちの存在を認めさせたくて、内側では同調に駆り立ててしまうようなところがあるのかもしれない。現在は少数者の存在がそれほど目立たなくなってきた。そういう時代だからこそ、グループ内の同調圧力のようなものに対して居心地の悪さを感じてしまうのだろうか。今井君の話を聞いていると、これからは障害者とか性的少数者というカテゴリーの社会的意味が薄れていくのかもしれないなあと思えてくる。

「異次元」に身を投げ込む

野澤：御代田君が仕事として福祉の世界を選んだことについて聞きたい。ゼミ生として障害を知ったり、ゼミに居心地の良さを感じたりするだけじゃなくて、就職という人生の岐路でポンと一線飛び越えちゃった。いわば、異次元に身を投げた。君の中で何が起きたのだろう。

御代田：ゼミを始めた時は、会いたい人に会えるし、将来のことは考えず、今の好奇心に任せて動き回ればいいやと思っていたんですが。就活始めるかという時に、やっぱり自分の中で障害にまだまだ興味があるし、ゼミを超えて現場の人と会ってみようと。そこで一年間休学をして、ヘルパーの資格を取って高齢者の訪問介護のアルバイトをしたり、精神科病院に個人的にお願いして実習させてもらったり、北海道にある社会福祉法人で一カ月研修させてもらったり、いろいろやりました。

野澤：教室の中という限定されたところから、現場に行って彼らの生活の中に入って行くことで一つ、次元を超えたというわけ？

御代田：いえいえ（笑）。現場を経験してもまだ企業や役所をあきらめきれず、福祉現場は頭の片隅にチラっと浮かぶ程度でした。でも現場に行ってみて、やっぱり福祉の現場はおもしろい、もっと時間をかけてリアルな現場を味わいたい、って思いは強まりました。単に施設の中で消耗していく福祉従事者というイメージが薄れて、仕事としての広がりも感じたんです。いろいろなことに関われる業界だなって。大学出て新卒で入った会社でずっと勤めるのは、自分には無理だなっていう直感があって。社会のことがわからないまま、会社っていう巨大なブラックボックスに所属してしまったら、自分はそこにも適応して楽しくやれるだろうけど、ズルズルなんにも考えず何も決めずに済む人生になっていくだろうなあとは思っていて。休学が明けてから、結局ずるずると一般的な就職活動に足をツッコんで、いろいろな進路を考えたんですけど、進めるうちにどんどん「自分の人生はこうやってなんとなく進んでいくのか」って人生が閉じていくような気がしたんです。このままではやばい、と。だから今の身軽な立場で思いっきり飛び込んで、計画性はないけれど、勢いに任せて奥まで突っ込んだほうがいいなって思って。結局、福祉の現場に行こうと決めたのは四年生の六月でした。

野澤：基本的に会社っていうのは、営利を追求するものじゃない？　そのことが日本の経済を良くしたりそれぞれの国民の生活を良いものにしたり、社会の大きな物語の中の一つになっていくのは間違いないんだけど、それでも会社に入るっていうのは、やっぱり歯車になるということだと思う。私自身の経験からするとね。歯車もおもしろいのですよ、それなりに。でも、会社に入って間もないころは、同期やライバル社に負けないようないい仕事をするとか、上司から評価を受けるとか、賞をもらうとか……、いわばゲームとしてのおもしろさに夢中になっていたところがある。社会全体が自分の仕事につながっていることを感じられるようになるのは、ある程度自分で会社を動かせるようになってから。私の場合はチームで企画を立てて連載記事やキャンペーン報道をして社会的に話題になったり、新しい制度が生まれる契機をもたらしたりすることができるようになってからでした。私はそれまでの何十年近くを、ゲームの楽しさだけでやってきたのではないかという苦い思いがある。今は、そうじゃない道を選ぶリスクが私たちの時代に比べて圧倒的に少ない。失敗することの社会的なマイナスイメージも、昔ほどはない。特に福祉の世界では、障害者自立支援法が始まった二〇〇〇年代半ばごろから若手が果敢に起業するようになった。そうした若手の福祉起業家たちを見ていると、自分とは時代が違うなあと痛感する。せっかくリスクの少ない時代になって、失敗したって社会的な制裁も少なくて、いくらでもやり直せる時に、わざわざ重苦しい歯車に自らはまり込んでいかなくてもいいじゃないと思ったりもする。アメリカのハーバード大学の学生はトップ三分の一が自ら起業するらしい。次の三分の一が先輩の起業した会社で一緒に働く。底辺の三分の一だけが大企業を目指す。御代田君がゼミでいろいろな当事者と出会って、おもしろいことを見て、何をやりたいのかわからないけれども飛び込んでみて、そこで自分の興味を見極めていきたいというの、すごく共感できる。

御代田：そうですね、新卒で取られなきゃもう終わり、っていう世の中でもないですし。

野澤：それにしても、救護施設で働くことになったのはなぜですか。救護施設で働く体験したことあった？

御代田：いやはじめてです。二回見学に行って決めました。救護施設は、いろいろな事情で地域で暮らせない人が、生活保護を受けながら、社会復帰や療養のために生活する場所なんですが、百人定員で毎年七十人くらい入れ替わりがあって。ホームレス、精神科病院退院者、刑務所出所者、依存症を抱える人、DVや詐欺にあった人とか、本当に様々な人がやってくる。数十年暮らす高齢の方もいれば、三日で出ていく人も。ブラジル生まれの人や僕より若い子もいて、そんな社会を追い出された人たちが一つ屋根の下で暮らしているんです。ここにいる一人ひとりの入所経緯から、社会のリアルな姿も見えてくる。見学した時はあまり細かいことはわからなかったんですが、ディープな現場だなぁ、ってゾクゾクして。ここなら多くを学べるんじゃないかと思って、配属希望を出しました。今はとにかく現場で働いてみたいんです。まあ将来どんなふうになりたいのか、全然わからないですけどね。とりあえずは楽しみます。

福祉を通じて人間や社会が見えそう

野澤…今井君にはどんな将来のイメージがあるのだろう。外資系コンサルなんて全然考えられない。商社マンや銀行員も違うじゃない？　研究とか、芸術系の仕事とか。

今井…基本的に、「自分はなんにもできないんじゃないか」っていう不安は変わっていないんですよ。つい先月までは、ジェンダー・セクシュアリティの勉強を続けるために社会学の大学院に行こうと思って、その勉強だけをひたすらしていたんです。でもよく考えたらそれは研究がやりたいというよりは、消極的な選択で。就活では、性別のことを伝えた段階で落とされるところも多くて、チャンスは狭まる。なので、バリバリに就活を頑張っていい会社に入ろうという気にもならない。だからといって興味もないけど適当な会社に入っとけばいいや、というあきらめもつかない。福祉の現場に行けるかというと、御代田さんと違ってまだそこまでどっぷり浸かっているわけじゃない。なので、つなぎとしての意味合いもありつつ大学院に行って、そこから福祉現場のコミュニケーションの世界に入っていければいいなあと思っていました。でも、出願のための研究計画書を書いていた時に、「自分の研究つまんねえな」と思ってしまって。ずっと考えてきたセクシュアリティのことは改名や手術でケリがついてしまって、興味関心が離れてきた。そうすると障害学をやるかということも考えたんですけど、ストレートでこのまま大学院に行っても、当事者のことや現場のことをよく知らないまま、理論をなぞるだけの宙に浮いた研究や、重箱の隅をつついて空回りするようなことしかできないんじゃないかと思ってしまったんです。

野澤…自分に固有の問題、つまりセクシュアリティのことにこだわってきたけれど、改名や手術によって卒業した。もっと社会のほうに君の目が向き始めたということかな。

今井…自分とは違うところからやってくる人と会って日常的にじっくり接すること、仕事として。そこにいる人たちと向き合うっていうのは難しいし重いことなんですけど、おもしろいんですよね。福祉を通じて人と関わることで、人間って、ケアって、社会ってなんだ、っていうことが見えそうで、何か生まれるんじゃないかという感覚があるんです。休学してひたすらブックオフで働いていた時、ずっとブックオフでもいいかな、と思っていたんです。ルーティンワークでも、お金も入るし、お客さんや商品と関わる中での楽しさやおもしろさもある。でっかい社会の中で、渋谷のセンター街の真ん中のブックオフでレジ打ちしている、それで毎日が回っていく。小さい歯車としての自分でもいいかなあと。自分は「小さい歯車」に幸せを感じるベクトルも、御代田さんと違って大きいと思う。「普通」をやれてこなかったと思い込んでいるから「普通に生きる」ことを実感するだけで嬉しい。でも「安全」にとどまるよりは一回外に出て感触を確かめてみないと、きっと後で自分が「安全」に苦しくなって耐えられなくなるだけだろうと、やっと決断できました。

野澤：それで、大学院にすぐ行くよりも休学して、福祉の現場でいろいろなことを見たり聞いたりしようと思った。具体的にはこの一年をどのように過ごす計画なのだろう。

今井：学生の身で本当に贅沢ではあるんですけど、とにかくいろいろな現場を見させていただきたいと思っています。学部卒業後は現場での就職を考えています。特に、「累犯障害者」や依存症などの制度からこぼれ落ちてしまうような、何重にも絡んだ困りごとにどう向き合っていくのか、というところに興味があるんです。今は、千葉県の複数の障害者福祉関連の法人で実習生として勤務しています。利用者の方一人ひとりとの関係性をじっくり作っていくのって本当に難しいですが、なんとか頑張っていこうと思っています。この二つを両輪に、他にもいろいろなところに積極的に入っていければと考えています。最近では、訪問介護の事業所でインターンをさせてもらったりとか。御代田さんの職場である救護施設にも、ぜひ研修に行かせてください！

収まりきらない衝動

野澤：二人は大学の専攻は何だったかな？何度聞いてもよくわからないんだけど（笑）。

御代田：僕は一応哲学をやっていました。

野澤：世の中のこれまでの常識とか軌道を飛び越えていく君自身の生き方は、哲学的に分析するとどういうことになるの？

御代田：自分を投げ飛ばすじゃないですけど、主体的に目標を持ってゴールへと持っていくというよりは、自分の心ごと自分で投げ飛ばして、波に乗っていくというか。その場その場で自分のモチベーションとか出会いの波に乗りながら、遠いところにいければいいなあっていう。

野澤：今この瞬間では、そのほうが自分にとっては「快」なんだよね？でも、みんな誰しもそう思っていても、先々のことを考えると、結婚したいし子供欲しいしっていうことを考えると踏みとどまる。踏みとどまらないのは、そういう生き方が許される時代状況だからということだろうか。

御代田：時代状況っていうよりは、僕が能天気なだけの気がします（笑）。いつの時代もいる能天気（笑）。僕は哲学が専門と言いながら、文化人類学や社会学をつまみ食いしながら、障害についてゼミで感じたことを学部の授業を通じて言語化したり。卒論はリストカットについて書きました。リストカットは、心が苦しいっていうのがマックスになった時に衝動的に切って、一時的なリラックスや救いを感じるという人が多い。でもなぜ切るのか聞くと、いろいろな人がいろいろなことを言う。自分や他人を罰するため、単に気持ちいいから、血を見たいから、なんにも考えずにやる人もいて。いろいろな資料から「私はこういう時に切ります」っていう経験者の記述や語りを漁ってみたのですが、その説明の仕方は一人ひとり全然違う。リストカットという不可思議な現象に、みんな自分なりにいろいろな言葉で意味を与えながら、日々の生活を保っているんです。そこが興味深くて。そういった当事者の語りを追いながら、リストカットの奥にある、肉体的な秩序の乱れが、一過的にせよ精神的・社会的な秩序や癒しを与える、ということについて考えていました。

野澤：今井君の専攻をもう一度教えてください。

今井：社会学です。私にとっての根本の問いは、異質な他者同士がつながるのにはどうしたらいいのかとか、あとは、なぜマイノリティや、相対的に困りやすい人が出てきちゃうのかっていうのが気になるんです。社会学では生産と再生産活動に関われないとされている人がマイノリティになりやすいって言われているんですけど、本当にそれだけかなと思ってみたり。

野澤：人間という生物って、同質なものに対する違和感とか嫌悪感がどこかにあるような気がする。同質すぎると居心地が悪いとか、秩序を保てないとか。何か異質なものがあってはじめて秩序を保てるというか、安定できる、そうしたことが原初的に人間には組み込まれているように思う時がある。全く完璧なものというのは、人間として居心地が悪く、受け入れがたいものがあるじゃない。どこか壊れたり、乱れたりしていないと、私は落ち着かない。同質ではないものを社会にも自分にも求めている。自分の人生で一点の曇りもなく調子がいい時ほど、破壊衝動みたいなものを感じる。自分の人生を振り返ってみるとね、こんなのはウソだと思い、居心地が悪くなって、疼く、そして逸脱したくなる。個人の中にもそういうものがあって。その集合体である社会でも同じ機能が組み込まれているような気がする。御代田君の中には、自分の順風満帆な人生に対する、こんなんで収まりたくないっていうのが、あるんじゃない？

御代田：ありますね。

今井：羨ましいですね。

野澤：今井君にもあると思うよ。

今井：うまくいっている時期がそもそも少なすぎるので、すぐ落ちるんですよ、人生とか感情の波があるとして、正の局面にいられることが少ない。性別が逸脱しているから、そもそも生きづらいんですよ。甘えかもしれないですけど。だから自分の生きづらさの原因になっているクソみたいな世の中を変えてやる、と思うこともちろんあるんです。でもこれ以上生きづらくなりたくない、安全圏にとどまりたいっていう欲求も自分の中では大きい。

野澤…でも客観的に見ると、本当に誰もが羨むような立場。若いし現役東大生。経済的にも恵まれてるじゃない。でも自分は違うって落ち込む。無意識の中で、破壊衝動があるんじゃないかな。世の中の常識とか評価とか、そういうものに対して。

御代田…僕も疼く感覚はありますね。救護施設をはじめて見学した時、わけのわからない、普通に生きていたら絶対見ない空間でいろいろな……。壁に張り付いてギョローっと僕のこと見つめ続けるおじいさんとか、施設の中の庭によくわからないモニュメントを作って、それを自慢してくるおじさんとか。そういうところに濃密な何かがある、その引力や破壊力がすごい。

野澤…今の時代って、これだけグローバル化しちゃって、資本主義はもう終わりで、この次に何があるのか、あと二百年経たないとわからない、なんて言われるじゃない。多くの企業がどっかで無理をしないと利潤を生み出せなくなっている。人工知能とかロボットとかがどんどん人間の仕事を奪っていく。貧富の格差がどんどん大きくなって、これまで人類があまり体験したことのないような大きな曲がり角を迎えているのかもしれない。これまでの常識ではもう全然通用しないものがあれこれ見えてきた。君らの中にも、このまま収まっている自分ではもう全然ダメなんだという衝動があるのを感じる。無意識の中のその破壊衝動や逸脱衝動は、この時代を生きている優秀で感性の豊かな若者は当然に持っているような気がするんだよね。日本の歴史を見ても、幕末に黒船がやってきた時にはすごい衝撃だったと思う。木の船を漕いで黒船まで行って、「俺をアメリカに連れて行け」と言うなんて人が現れる。君らにもそれに近い衝動があるような気がする。とにかくもうこのままでは自分はおかしくなりそうだ、どこか飛び出したい、この先にあるものを見たい。なんだかわからないモヤモヤの正体を見届けたいと。その触媒になっているのが、このゼミでゲスト講師たちなんだと思う。今、御代田君は同級生たちから変わり者呼ばわりされているかもしれないけれど、何年も経って振り返った時に、「ああ、御代田から始まったんだな」って言われるかもしれない（笑）。

御代田…今はみんな自分の人生が始まる時なので、僕の仕事にはあまり興味を持ってくれないと思います。でも五年くらいしたら、みんなの中でサラリーマンなんだという自覚も生まれてきて、僕のことに興味を持ってくれるかな、って期待もあるんですけど。

野澤…アメリカや中国、インドとかヨーロッパで、若者たちに今何が起きているのかをもっと知りたい。このゼミは障害者福祉をどうするというだけでなく、科学技術の進歩や社会の変容の中で人間がどう生きていけるのかを考えるきっかけとして欲しい。国境や分野を超えて様々な人たちと価値観をぶつけ合って、御代田君や今井君たちの世代に未来の社会を創っていって欲しいと思います。

（終わり）

あとがき

目の前に出された問題の「解」をいかに素早く、正しく見つけることができるか。学歴社会の競争を勝ち抜いてきた東京大学の学生たちはそうした能力に秀でている。ところが、誰も問題を出してくれなくなり、すぐに正解が見つからないような問題が次々に現れるようになる。それが社会だ。しかも、これからの時代を考えると、どんなことが問題なのか、はたして正解があるのかないのかすらわからない、真空の闇が無限に広がっているのを感じる。

社会から逸脱し自らを破壊するものに依存しなければ生きられなかった人たち、自由で万能な自分を失いながらも何か大事なものを感じている人たち……。東大生たちはゼミで出会った障害者のリアルを通して、自分自身の中に何を見ているのだろうか。自分が歩んでいく未来に何を感じているのだろうか。いつも、そんなことが気になっている。

三年間にわたってゼミの運営を中心的に担った御代田君が卒業し、救護施設で働き始めたころ、私は新聞のコラムで彼のことを書いた。その結びの言葉は御代田君だけでなく、ゼミの学生たち、この時代に生きているすべての若者たちに贈りたいと思う。

何もかも中心に集まる世の中なんておもしろくない。
自分に「中心」のある青年は荒野をめざせ。
荒野から世界を変えよう。

二〇一九年一月　野澤和弘

編著者

野澤 和弘（のざわ かずひろ）

1959年、静岡県熱海市生まれ。

1983年、早稲田大学法学部卒業。

1983年、毎日新聞社入社。

2007年から夕刊編集部長。

2009年から毎日新聞論説委員。

2014年、東京大学全学自由研究ゼミナール「障害者のリアルに迫る」担当非常勤講師。

著　者

「障害者のリアルに迫る」東大ゼミ

障害当事者やその関係者の、リアルな息づかいや生活、人生に触れることを目的とした、東京大学教養学部の講義。多様な講師を招いてきた。2013年度に自主ゼミとして始まり、翌年には教養学部全学自由研究ゼミナールの正式な講義となる。講義の準備や運営は学生スタッフが担う。

なんとなくは、生きられない。

編著者　野澤 和弘
著　者　「障害者のリアルに迫る」東大ゼミ

初版印刷　2019年 2月1日
2刷印刷　2019年12月1日

発行所　ぶどう社
編集担当／市毛さやか
〒154-0011　東京都世田谷区上馬2-26-6-203
TEL 03（5779）3844　FAX 03（3414）3911
ホームページ　http://www.budousha.co.jp

印刷・製本／モリモト印刷　用紙／中庄